NATURKUNDEN

探索未知的世界

Incipit epistola sancti ieronimi ad paulinum presbiterum de omnibus divine historie libris. Capitulum primum.

Frater ambrosius tua michi munuscula perferens detulit simul et suavissimas litteras: que a principio amicitiarum fidem iam probate fidei et veteris amicicie nova preferebant. Vera enim illa necessitudo est et christi glutino copulata: quam non utilitas rei familiaris, non presencia tantum corporum, non subdola et palpans adulacio: sed dei timor et divinarum scripturarum studia conciliant. Legimus in veteribus historiis quosdam lustrasse provincias, novos adisse populos, maria transisse: ut eos quos ex libris noverant coram quoque viderent. Sic pitagoras memphiticos vates, sic plato egiptum et architam tarentinum eamque oram ytalie que quondam magna grecia dicebatur laboriosissime peragravit: ut qui athenis magister erat et potens, cuiusque doctrinas achademie gignasia personabant, fieret peregrinus atque discipulus, malens aliena verecunde discere quam sua impudenter ingerere. Denique cum litteras quasi toto orbe fugientes persequitur, captus a piratis et venundatus etiam tyranno crudelissimo paruit ductus captivus vinctus et servus: Tamen quia philosophus: maior emente se fuit. Ad titum livium lacteo eloquentie fonte manantem de ultimis hispanie galliarumque finibus quosdam venisse nobiles legimus: et quos ad contemplacionem sui roma non traxerat, unius hominis fama perduxit. Habuit illa etas inauditum omnibus seculis celebrandumque miraculum: ut urbem tantam ingressi aliud extra urbem quererent. Appollonius sive ille magus ut vulgus loquitur sive philosophus ut pitagorici tradunt: intravit persas, pertransivit caucasum, albanos, scitas, massagetas, opulentissima regna indie penetravit: et ad extremum latissimo phison amne transmisso pervenit ad bragmanas: ut hyarcam in throno sedentem aureo et de tantali fonte potantem: inter paucos discipulos de natura, de moribus, de dierum ac syderum cursu audiret docentem. Inde per elamitas, babilonios, chaldeos, medos, assirios, parthos, syros, phenices, arabes, palestinos, reversus alexandriam: perrexit ethiopiam: ut gignosophistas et famosissimam solis mensam videret in sabulo: Invenit ille vir ubique quod disceret: et semper proficiens semper se me-

LIBRO PRIMO DELLA HISTORIA DELLE COSE FACTE DALLO
INVICTISSIMO DVCA FRANCESCO SFORZA SCRIPTA IN LA
TINO DA GIOVANNI SIMONETTA ET TRADOCTA IN LIN
GVA FIORENTINA DA CHRISTOPHORO LANDINO FIOREN
TINO.

NE TEMPI CHE LA REGINA GIOVANNA SE
conda figliuola di Carlo Re regnaua: perche era suc
ceduta nel regno Neapolitano a Latislao Re suo fra
tello: elquale parti di uita sanza figliuoli: Alphonso
Re daragona con grande armata mouendo di Cata
logna uenne in Sicilia: Isola di suo Imperio. La cui
uenuta excito gli huomini del Neapolitano regno a
uarii fauori: & a diuersi consigli: & non con piccoli
mouimenti di quel regno: Impero che Giouãna Regina per molti & uarii
suoi impudichi amori era caduta in sõma infamia. Et desperandosi che lei
femina potessi adempiere lofficio del Re: & administrare tanto regno: fece
sise marito Iacopo di Nerbona Conte di Marcia: elquale per nobilita di san
gue: & belleza di corpo: ne meno per uirtu era tra Principi di Francia excel
lente. Ma accorgendosi in breue che quello desideraua piu essere Re: che
marito: & quella non molto stimaua: mosso da feminile leuita lo rifiuto: &
priuo dogni administratiõe. Questo fu cagione chel suo regno: elquale per
sua natura e prono alle dissensioni & discordie: arrogendouisi e nõ honesti
costumi della Regina: ritorno nelle antiche factioni & partialita: & comin
ciò ogni giorno piu a fluctuare & uacillare. Erano alcuni a quali nõ dispia
cqua la signoria della dõna: perche benche il nome fussi in lei: loro nientedi
meno comãdauono. Altri desiderauano: che Lodouico tertio Duca dangio:
figliuolo di Lodouico: elquale era nomato Re di Puglia: & di uia anteinata
della Reale stirpe daragonia: fussi adoptato dalla Regina. Costui poco auãti
pe conforti di Martino tertio sõmo Pontefice: & di Sforza Attendolo excel
lentissimo Duca in militare disciplina: & padre di Francesco Sforza de cui
egregii facti habbiamo a scriuere era uenuto a liti di Campagna: Et cõgiun
tosi Sforza: hauea mosso guerra alla Regina. Ma quegli che repugnauano
a Lodouicho: metteuano ogni industria: che Alphonso fussi adoptato in fi
gliuolo della Reina: accio che in Napoli fussi tal Re: che con le sue forze cõ
di mare & di terra potessi resistere alla possa de Franciosi. Adunque in cosi
uehemẽte contentione de baroni: & piu huomini del regno: Alphonso chia
mato dalla Reina in herede & compagno del regno: diuẽne nõ solo illustre:
ma anchora horribile: Et el nome Catelano elquale insino a quegli tempi
nõ era molto noto & celebre se non a popoli maritimi: ma inuiso & odioso:
comincio a crescere: & farsi chiaro. Ma & da Lodouico & da Sforza tanto
ogni giorno piu erono oppressi: el Re & la Regina: che diffidãdosi nelle pro
prie forze: conduxono Braccio Perugino: el quale era el secondo Capitano
de militia in Italia in quegli tẽpi cõ molte honoreuoli cõditioni: & maxime

Dieu éprouue Abraham & void que le fidele
A son commandement ne se monstre rebele
D'immoler sō cher filz, ainsi qu'vn doux agneau:
Et tout pres d'accomplir le piteux sacrifice,
Il cognoit au besoin, que Dieu luy est propice,
Car son Ange luy dit, Cesse Abraham, tout beau.

LIVRE TROISIEME.

FABLE I.

Le Meûnier, son Fils, et l'Ane.

À M. D. M.

L'invention des arts étant un droit d'aînesse,
Nous devons l'apologue à l'ancienne Grece:
Mais ce champ ne se peut tellement moissonner,
Que les derniers venus n'y trouvent à glaner.
La feinte est un pays plein de terres désertes:
Tous les jours nos auteurs y font des découvertes.
Je t'en veux dire un trait assez bien inventé:
Autrefois à Racan Malherbe l'a conté.

满满的书页

书的历史

[法] 布鲁诺·布拉塞勒 著

余中先 译

北京出版集团
北京出版社

“这是我在人类旅行中找到的最好食粮。”

——蒙田《随笔集》第三卷第二章

目　录

书诞生于书写，是人类思想的最佳见证，它的历史进程似乎建立在三个因素上：一种方便的载体的存在，一个文本能按照无限变化的模式复制并传播。从这个意义上说，中世纪时僧侣抄写在羊皮纸上的手稿，就已经是完全意义上的书了。

第一章
手抄的书

现代的书是历史发展的结果，这一发展的开端是在文字出现的3500年后，而还要等1000年才有印刷业的出现。在这1000年期间，耐心的抄书人制造出后来成为我们文化生活基本因素的书写工具。右图是一个正在工作的抄书人。左图是《凯尔特人书》爱尔兰某手抄本（8世纪）的一页。

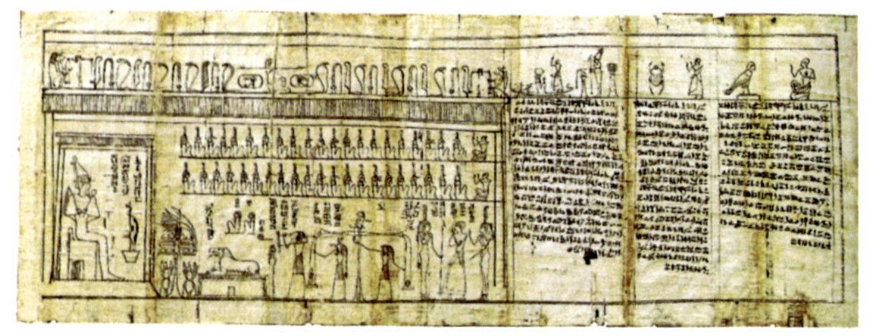

词源学：史前史

“书”一词来自拉丁文 liber。最早这个词指位于树的木质与外皮之间的薄层，它和石头一起作为最初书写的载体。但是在古代，人们也使用其他各种载体：在美索不达米亚有黏土板，苏美尔、巴比伦、尼尼微就出土了好几万块黏土板；在其他地方，还使用骨头、布料、蜡版、木板、棕榈树叶、动物皮、石头，以及各种各样的金属。

“书”的希腊文名词是 biblion，来源于 biblos（纸莎草纸）。它又导致 bible（圣经）一词的出现，并存在于好多的法语词中，如 bibliophile，bibliothèque 等。

纸莎草纸是从生长在尼罗河谷的同名植物中制造出来的，成了古代使用最广的文字载体。公元前 30 世纪在古埃及出现后，很快流行，并流传到古希腊和古罗马。由于它难以折叠，不能正反面都书写，最初的书都采用卷轴［拉丁文为 volumen，它催生了法文词 volume（书卷）］的形式，它由并排粘贴的叶片组成，卷在木头棒或象牙上。这些书卷可达 10 多米长，文字抄写成 25 到 45 行不等的字栏，在今天，它们很少有完整保留的，一般都是在坟墓中被发现的。

在古埃及文明中，表现抄书人在书卷上抄写的作品有很多。而在雅典和罗马这样的东西却一幅都找不到，在那里，抄写工作留给了奴隶。相反，阅读的场景倒是很多，同样，提到图书贸易情况的文献也不少。在希腊化时代，已经有大

在埃及，坟墓中都放有《死者之书》（见上图）以在彼界伴随死者，这种书一般带有插图，祭司要在葬礼上朗读它。

因为书写很复杂，学起来要费很长时间。学生往往使用 ostraca（瓦罐的碎片）或者抹了灰泥的木板（见右页左图）书写，它们可以反复使用，就像今天小学生用的书写石板。

书在古罗马社会比古埃及更为流行，从 1 世纪起，它甚至成了古罗马人的日常用品。在庞培城的壁画中，读书的场景并不少见（见右页右图），这证明有文化的读者和藏书的存在。通常，读书都要读出声来，哪怕是单独一人时。

图书馆的存在，尤其是小亚细亚帕加马城和亚历山大城的大图书馆，那里收藏了 50 多万卷书籍，可见当时已形成一个有组织的抄书作坊网。

在罗马，出版商们还在帝国境内推广古希腊语和拉丁语的文学作品。

流传至今，只剩下其中很小的一部分，许多书已经永远丢失了。比如说，索福克勒斯创作了 123 部悲剧，而我们只知道 7 部！还有一些作品只是以后来的抄本留传至今。要知道，我们没见过任何 9 世纪之前的柏拉图作品的手抄本……

册籍：书的历史中的第一次革命

在公元纪年之初，书的形式变了。它从书卷变成了册籍（codex，即装订成册的纸页），从此，书成了我们十分熟悉的样子。

册籍翻阅起来，比必须用两只手捧的纸莎草纸的卷轴更容易，收藏、携带也更方便，此外，它还有一个好处，即正反面都可以书写。随着基督教的传播，书在 2 到 4 世纪走向普及化。

人与书的关系也跟着变了，一些编书的用法渐渐确定并得以继承，尤其是文本的结构方面，如编码、章节划分、题目、目录、词与词之间的分开等，古代的册籍越来越有定规。

无疑，卷轴和册籍两种形式共处了 2 到 3 个世纪。下方这幅意大利拉文纳修道院的镶嵌画（5 世纪）表现了圣马太在一本羊皮纸书上写字的情景，人们可以清晰地认出，在右边有一个装着好几卷书的桶。如果说，册籍的发明兴起于古罗马时期，那么基督教的兴盛则推动了它的普及。

羊皮纸的飞跃

书的这种新形式的胜利，是跟材料的采用联系在一起的，这就是羊皮纸，它的使用持续了 1000 多年。据传，在帕加马——它的图书馆可与亚历山大城图书馆媲美，君王们从公元前 2 世纪起就发展了羊皮纸产业，以便不再依靠埃及纸莎草纸的供应。

这是一种来源于动物的材料：绵羊、山羊或牛犊的皮，经过长时间鞣制，生产出比纸莎草纸更柔软、更结实的

册籍比卷轴更结实，更容易翻阅，使书在搬移时更完整、可靠，而没有采用这一形式的书往往就散佚了。一本“折叠的书”往往相当于好几卷的卷轴，有时它是一部完整的甚至很长的作品，有时它是涉及一个相同或几个不同主题的短作品的汇集。这时，必须为它定好结构，清楚地标明每一部作品的开始和结尾。阅读本身也跟着变了，眼睛每一次都得盯着一页，而不是像读卷轴时那样同时可以看到两三栏。由此产生了一种需要，用书写、彩色墨水或者另起一行来划分段落。这种结构无疑使人在阅读行为中不那么随心所欲。但是，书常常放在斜面桌上，读者可以空出一只手来，在白纸上或书页的边眉上做笔记和注释。

装订和贴书名标签还很罕见，书做成后往往平放在墙上挖出的小龛中、大箱子中和柜橱中，就像上方另一幅拉文纳修道院的壁画细部所显示的那样。

纸，可以两面使用。高质量的羊皮纸“vélin”取材于刚生下就死亡的牛犊或羊羔身上。它的制造技术没什么进展，却渐渐在西方流传，到了中世纪，它就成了书写的基本载体，直到后来纸的出现。

做一本书要用上好几张皮，一本中等篇幅的书需要15张皮，价格不菲。出于经济上的考虑，某些羊皮纸上抄写的文本被认定过时之后，上面的文字会被刮掉并重新加以利用，人们把这种“再生纸”称为“palimpsestes”

羊皮纸一词来自 pergamena，又名“帕加马的羊皮”，可能就是在这个城市中发明的。在中世纪，羊皮纸的制作需要很长时间，都由专门的工人来做。左图描绘了羊皮纸作坊的情景。动物的皮先要浸泡在石灰水中，煺去毛和杂质，在一个框架上绷紧晾干。然后，把它们剪成长方形的单张，折叠成帖，最后集在一起。从 14 世纪开始，纸加入与羊皮纸的竞争，后者的生产规模受到限制，但它仍然在某些场合（文凭、官方委任书、贵族称号证书）得到使用。

（隐本）。借助现在的科学技术，能够再现那些被抹掉了的文本。

修道院作坊

古罗马帝国灭亡后，拜占庭文明使图书馆兴盛，一种细密的工笔画艺术发展起来，对西方的图书装饰产生影响。在欧洲，修道院是拉丁文化的聚集地，修道院既是精神生活的发源地，也是经济生产和文化积淀的中心。从 6 到 8 世纪，一场兴建修道院的大规模运动，尤其以爱尔兰传教士（圣科伦巴）和不列颠传教士（圣卜尼法斯）的行动为标志，席卷了整个欧洲。基督教的本笃会到处传播由529年建立了卡西诺山修道院的圣本尼狄克制定的法规：僧侣应该把自己

的时间分配于做祈祷、手工劳动和阅读神学著作。

每个修道院备有一个专门用于抄书的誊抄室（scriptorium）。僧侣们在里面抄书、配画，当然是抄宗教著作，但也有古代经典的世俗作品，因为这对拉丁文化学者来说是必需的。最活跃的誊抄室并不只为自己的修道院工作，它扮演了类似出版社的角色，为王公贵族和教会提供抄本，如当时的法国圣德尼或图尔圣马丁修道院、日耳曼的富尔达或赖谢瑙修道院。更大的修道院如瑞士的圣加尔修道院，在院墙内拥有整套的抄本图书生产线，从羊皮纸的制作，一直到书籍的装订。

修道院要求僧侣们懂得阅读，并花时间研究宗教法规、圣徒生平、教会人士的作品。最基本的书是《圣经》，其中的一些段落必须背诵。当一个修道院缺少必须阅读的作品时，它便求助于另一个修道院。从加洛林王朝时代起，在意大利、高卢、西班牙和不列颠诸岛之间，就有大量的交流。大约在672年，努尔西亚的圣本尼狄克的骨灰从卡西诺山转运（上图及左下图）到弗勒里修道院（它后来成了卢瓦尔河畔的圣本尼狄克修道院），后者的图书馆便增添了许多来自意大利的手抄本。

相对于西方世界，拜占庭帝国较少受到所谓蛮族的侵袭，它保存了大量古代的遗产。差不多在同一时期，册籍代替了卷轴。出于对偶像崇拜的强烈反对，8 到 9 世纪破坏圣像者的大争论导致手抄本的大量毁坏。之后，兴起了文字复兴运动，一种新的更细小的字体代替了安色尔体。

拥有大图书馆的修道士们，比如阿索斯山修道院的僧侣，参与了作品的传抄，尤其是古希腊文学作品。我们所知的柏拉图作品的最早手抄本，是在 9 世纪的君士坦丁堡抄写的，即在他去世的 1200 年之后。宗教作品同样占有重要地位，《新约》是抄得最频繁的书。拜占庭的细密画影响了斯拉夫和西方的彩色装饰字母，由此产生了辉煌的手抄本，插图都画在金底的纸上。本页左上、左下图是 10 世纪末一本福音书上所画的圣路加和圣马太。

创建誊抄室的运动在加洛林时期（8到9世纪）得到了发展。

抄书人的工作

羊皮纸制作好了以后，僧侣就可以在作坊执事的领导下，开始抄书工作了。誊抄室的头头同时还可能是“文献学家”（armarius）。他们坐在凳子上，趴在斜面桌前，做听写或抄写，工作环境有时很艰苦。材料和工具也很简单，黏土或牛角的墨水瓶中装着从植物中提取的墨水。笔常常用鹅毛做成，它代替了先前的芦苇笔，要用小刀来削，也使用铅笔，另外还有木尺、圆规，当然，还有折叠成帖的羊皮纸。抄书人留在书眉边缘处的某些旁解图文，证明了他们的忘我劳动。一个手抄本的结尾这样写道：“此书已毕，他是满怀热情虔诚地抄写完的。”许多僧侣可能同时为一本书工作，以避免原版书太长时间不能流通，因为原版书常常是向另一

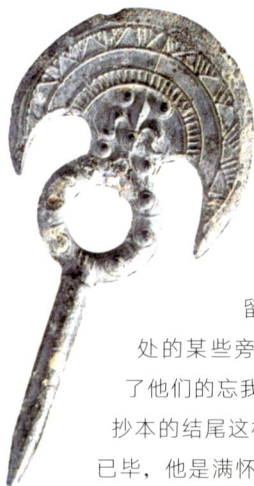

两个僧侣在卢森堡的埃希特纳赫修道院的誊抄室中抄书（11世纪）。

个修道院借的。一旦抄写完毕，文本要再读一遍，以便校对。

拉丁语，教会和文化的语言

僧侣们传抄的作品起先多为宗教文学，在教会创立者看来，这些作品对僧侣的集体生活是必需的。首先是《圣经》，它带有注释，用于熏陶僧侣们的精神。其次是关于礼仪的文本，让他们跟读和诵唱各种不同的礼拜经文（祈祷书、圣礼书、福音书、圣诗集、升阶经、对经唱谱、殉教圣人名册）。还有指引前进道路的圣徒生平，为加强信念和为神学争辩提供证据的教会鼻祖（圣奥古斯丁、圣哲罗姆）的作品。

最后，他们还抄写法学著作和古代拉丁语的经典作

在中世纪的肖像画中有不少是表现抄书人的，其姿势五花八门，并随时代而改变：开始他们把书放在膝盖上抄，后来放在斜面桌上。他们的工具，在不少论文和百科全书中都描述得很细，却很难再找到。下图是一把刀和一把尺，左页左图是一支铅质的笔，笔头上有装饰。

在 11 世纪，圣安塞尔姆对一个抄书人这样说：“我建议你要特别注意校对，无论你做了什么，你必须让你的工作值得人称赞。这些作品不为人熟悉，我希望能了解其中的一部分，但要依据真正完整的文本，而不是充满错误的本子。”

尽管有大量的散佚，尤其是“原版书”的散佚，但靠着抄书人的工作，古代作家的许多作品还是流传至今。开始它们被忠实抄录，其目的是了解语言，因为拉丁语是教会的语言，后来，在中世纪后期它们被翻译，以赢得更广大的读者。古希腊作家（有时候靠阿拉伯语的译本而知名）和拉丁作家对中世纪的思想起了很大的影响。左图为恺撒《高卢战记》的一个手抄本。

品，如亚里士多德和柏拉图作品的译本，西塞罗、老普林尼以及后来许多作家的作品。为了教士们的教育，誊抄室还生产拉丁语语法书，尤其是《多那书》，它得名于4世纪时生活在罗马的一个语法教授。他们还要誊抄各种档案，一般的大领地都保留档案。

拉丁语不仅在古罗马帝国的崩溃中幸存下来，而且还被5世纪时入侵西方的蛮族所接受。伴随着基督教的推广，拉丁语作为教会和文化的语言，被传播到并不属于帝国范围的欧洲北方地区。至于口语，它却远离了拉丁语，大多数平民都不懂拉丁语。从8世纪起，出现了世俗作品的文本，它们预示了法语、意大利语和西班牙语的诞生。

成功的作者

只有这些修道院图书馆集中了大量成套的书籍，尽管各家图书馆的大小不等。赖谢瑙修道院的图书馆建立在康斯坦茨湖畔，它在 822 年藏有 400 多卷图书，是最大的图书馆之一，可以与意大利的博比奥图书馆（藏书 666 卷）媲美。除最基本的作品《圣经》之外，还收藏其他有助于理解圣书的著作。

许多作者首先是圣书的编撰者和注释者。在这一时代的杰出作品中，有西西里的卡西奥多鲁斯（490—580）的著作《神的体系与人类体系》，它是某种研究提纲，还有圣奥古斯丁的《基督教教义》、尊者比德的科学著作、波伊提乌的哲学论文，以及塞维利亚的伊西多尔的《词源学》，它作为最早的百科全书之一而享有盛誉。

所有的修道院都拥有日常需用的礼拜经文。其中，唱谱占据了一个重要地位，它早已得到了教会鼻祖的强调。包含弥撒唱经的《升阶经》得到了精心的装饰。乐谱符号也从 11 世纪起开始流行，并逐步完善。下图是 14 世纪时多明我会的《升阶经》。

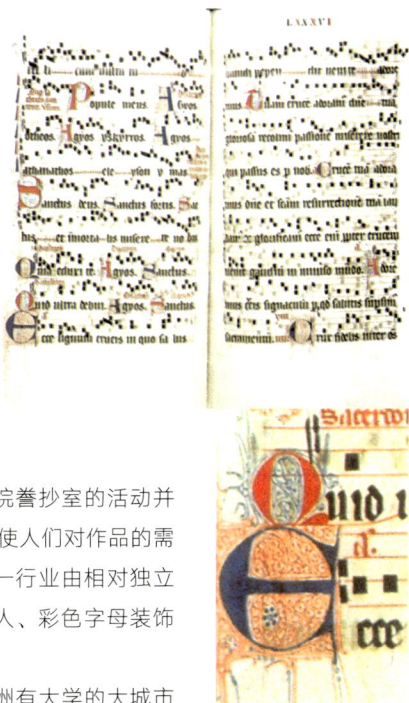

合作与在家工作

从 12 世纪末期起，城市的复兴，尤其是学校的大量增加，改变了图书制作和传播的条件。当然，修道院誊抄室的活动并没有停止，但 13 世纪时兴起的大学，使人们对作品的需求猛增，孕育了图书行业的新生。这一行业由相对独立的合作者构成：羊皮纸制作者、抄书人、彩色字母装饰匠和书籍装订工。

所谓的“pecia”（分帖制），在欧洲有大学的大城市

中建立起来，以满足不断发展的需要。对一部作品来说，要有一份正式的复本（exemplar），即由大学官方认定其正确性和完整性的样品，转发给一个叫作分帖人的书商。后者有权把书分成小册子或帖子（拉丁语叫 peciae），分给大学生或抄书人，由他们带回家去誊写。这一方法经济实用，既不会影响整部作品的流通，又能增加同一个文本的复本数量。

新的书，新的读者

与城市的扩展紧密相连，市民阶层的兴起也反过来推动了一大批图书客户的出现，法学家、商人、大学教师等世俗之人都需要书。他们在文化和宗教范围中，表现出传统的书籍制造已无法满足的强烈渴望。他们对各种内容的作品都感兴趣，例如骑士小说（《玫瑰传奇》）、历史学著作（《法兰西大事记》、让·德·芒德维尔的《航海游记》）、戏剧、圣徒生平传记等。从 12 世纪开始，随着通俗语言的文学作品的出现，拉丁语的地位开始下降。但丁就是同时用意大利语和拉丁语写作的。

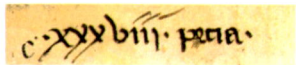

然而，在中世纪末期，宗教书依然是图书生产的大宗，首先是为修道院和教区制作书。《日课经》，即为世俗者的祈祷需要而编撰的集

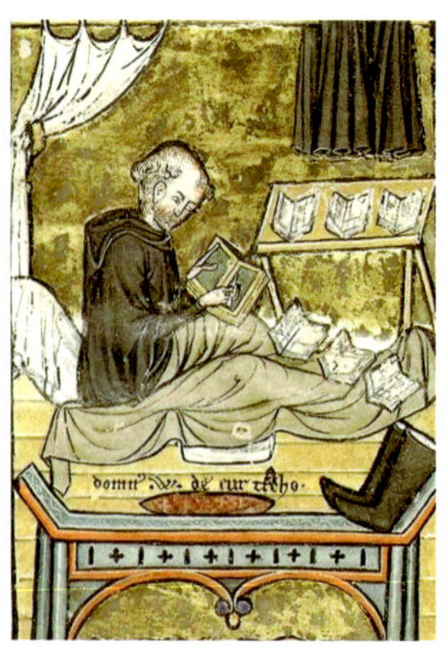

从 12 世纪开始，某些书如左图那样被分成小册子，分给在家工作的抄书人，他们根据誊抄的数量领取报酬，这就是分帖制。每一个小册子都标着帖号（左下图所示为 38 号）。这种工作为某些大学生带来了额外收入。

子，在 14 和 15 世纪获得了空前的成功，几乎成了最流行的书，这当然跟个人默读习惯的形成不无关系。

卡西奥多鲁斯在卡拉布里亚建立了生活修道院。对他来说，图书馆必须保存能拯救古代文化的必需作品。在《神的体系与人类体系》中，他对科学做出了一种中世纪流行的划分。上图是该书 11 世纪的手抄本。

君王和文艺资助人

王公国戚和世俗贵族带动了藏书的兴趣，尤其是带彩色字母和插图装帧的书，有时候，图像甚至重于文字。当时出现了文艺资助人现象。许多著作中含有题献的画面，

但丁（左图）在14世纪的意大利享有至高无上的声誉，他的作品极大启迪了彩色字母装饰师们。他在拉丁语论文《论俗语》中，表达了自己热切盼望有一种超越各地方言、作为该国作家们劳动成果的意大利语。当然，他用意大利语撰写了自己的杰作《神曲》。如果说，拉丁语作为宗教、法律和科学的语言长期占有统治地位，俗语文学也在整个中世纪的历史进程中不断扩大影响。大多以韵文写作的纪功歌、传奇故事和诗歌，从12世纪起就使用了俗语。它们往往被叙说而不是被阅读，所以，到很晚时期才被记录下来。

在14到15世纪的法国，国王和王公们是真正的图书爱好者。勃艮第公爵“好人菲利普”（右页上图）采用了一种积极的文艺资助政策，尤其资助带插图的手抄本。由查理五世（右页下图是他正在接受他的私人教师博学的尼古拉·奥雷姆的一本书）建立的书店却寿命不长。

表现作者给其资助人献书的场景。

国王查理五世（1364—1380）出资主持了一系列翻译工程，建立起一个藏书量约千册的科学图书馆，这应该是法国国家图书馆的最早前身。他的兄弟贝里公爵出资请兰堡兄弟为著名的《大日课经》做插图。“好人菲利普”让最优秀的弗拉芒艺术家为他工作，而在意大利，斯福尔扎、维斯孔蒂、美第奇等大家族维持了文艺资助人的光辉形象。一些书商专门开了书店，为这些最早的图书爱好者提供书籍。

开本和标记

尽管有必要在书的发展史中区分阶段，但中世纪的书，据我们所知却只有外表上的差异，而无结构上的不同。

一本书由各个小册子构成，就是说，它是折叠的纸张的汇集，连续折叠的次数决定了书的开本（对开、4开、8开等）。

抄书人只有在细心地准备好了书页之后，才开始真正的抄写工作，他先要用雕刻针（从12世纪起则改用铅芯）确定边缘空白，画好水平的和垂直的平行线。这些通称为“羊皮纸画线”的准备活动，使书页变得平衡、和谐。

文本常常抄写成紧密的字体，以节省羊皮纸，这就要求在边白处使用标记，或叫“旁注”，帮助读者定位。缩略词语的频繁使用，是基于节省时间与空间的考虑。缩略有许多形式，如合并、省略、约定俗成的符号、字母上的杠杠等。让古文字学家去辨认它们吧！

文本外的按语

边白并不总是一片空地，而是写字的地方，这里常常写上一些字体更小的附注，作为对正文的注释，这就是中世纪教育的基础。从12世纪起，它的地位得到发展，极大地改变了文本的表现方式。

为了便于装订匠按顺序装订帖册，人们在每一帖册的末尾标上一个序号（signature，签号），或者在下一帖册的第一个词标注（réclame，标词）。13 世纪，人们开始给帖册的页码编号（foliotation，编码）。

大多情况下，书名页并不存在。文本从第一页的上端开始，前面可以有书名（拉丁语叫 incipit），用彩色墨水写得更大一些，也可以没有，作者姓名常常是没有的。许多作品以一个简单的按语（explicit，完）表示结束。某些抄书人甚至把关于书的某些信息全集中在末尾，历史学家把这种模式称为 colophon（这是个希腊词，意为结语）。在结语中，有书名、作者名（偶尔）、收书人的姓名，有时还有抄书人的姓名以及抄书日期和地点。

安色尔体，加洛林体，哥特体

在整个中世纪中，不同的字体相继流传并相互混杂。古罗马帝国消亡后，方形的大写字母不再通行，只保留在书名中。安色尔体（这个词跟它的大小有关，指的是 1 寸，即 1/12 尺）流行于 4 至 9 世纪，但在各地的使用中有不小的差异，它的特点是字体圆鼓，字形肥大。

加洛林体则较细小，优雅而又易读，它出现在加洛林王朝复兴时代，后来几乎扩展到整个欧洲，直到 12 世纪时还在使用，并且启迪了后来在 15 世纪的意大利盛行的人文主义字体，也影响了印刷体的某些类型。

12 世纪末，出现了一种打破短线的倾向，这就是哥特体。它与同名建筑有美学上的相通之处，竖条又窄又高，带有棱角，一直使用到 15 世纪，尤其是在北欧。彼特拉克在给薄伽丘的信中曾经抱怨这种当时盛行的字体："远看令人眼睛发花，近

中世纪的书由帖册构成，而帖册本身由羊皮纸（或纸张，从 14 世纪起）折叠成对折（对开本），或者四折（4 开本），下图是袖珍《日课经》的一个整张。在用铅芯或雕刻针画出做标

记的线条后，抄书人在书页上誊写，然后再折叠，页码要根据折叠后的样子来预先排定。这一"装版"技术，在手抄本时代还很罕见，后来被印刷商沿用。

INCIPIT
LIBER QVAR
TUS DIALO
GORVM SCI
GREGORII
PAPAE URBIS
ROMAE
QVOD ETERNA
SPVALIA IDEO
ACANALIB MINI
ME CREDANT
QVIA EA QUAE
AVDUNT PEX
PERIMTUAN
MENNOVE RVNT
POSTQVAM DE
PARADISI GAU
DIIS CVLPA
EXIGENTE
PULSVS EST
PRIMUS HUMANI
generis parens inhuius exilii
atq; cecitatis quam patimur
erumna uenit · quia
peccando extra semetipsu
fusus · iam illa celestis patrie
gaudia quae prius contemplabatur
uidere non potuit; In paradiso
quippe homo assueuerat uerbis

在圣格里高利的《对话篇》的章首图案上，Incipit liber 起头字母以花体装饰（postquam 中的 P，1060 年）。

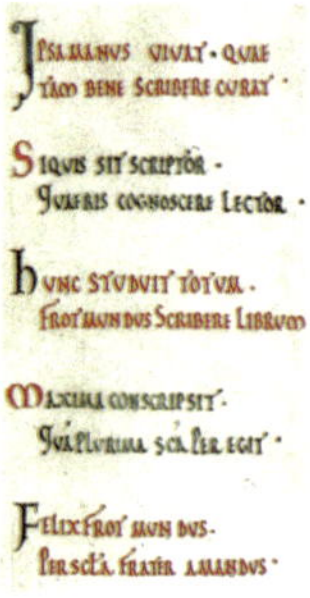

圣米歇尔山修道院的僧侣弗罗蒙是11世纪时的抄书人，他在完成了长久的抄书任务后，在手抄本的结语中写下了几行拉丁语诗（上图），表达了他的满足：“熟练书写的手万岁！读者，如果你想知道抄书人的名字，请记住，他就是弗罗蒙，他满怀热情，从头至尾地抄写了这本书。他所传达的意义无比重要。他完成了多少这样白纸黑字的作品！无比幸福的弗罗蒙啊！这是一个兄弟，你应该为他献上一份永恒的爱！”另一些抄书人回顾了这份工作的艰辛，说它“模糊了眼力，压弯了脊背，摧毁了腰和腹……”。

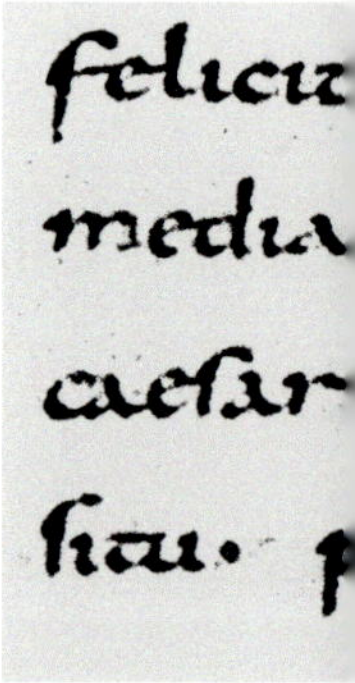

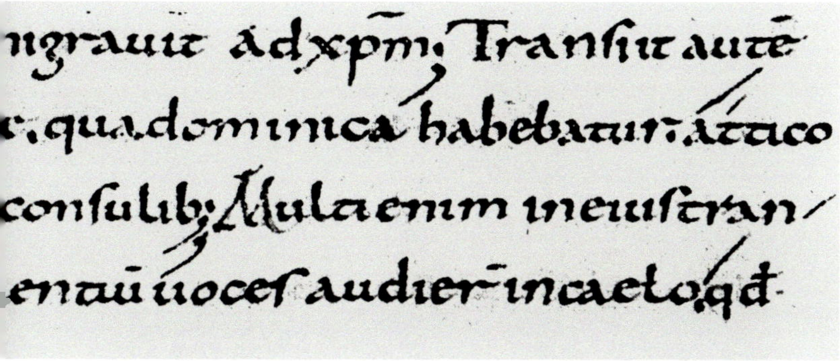

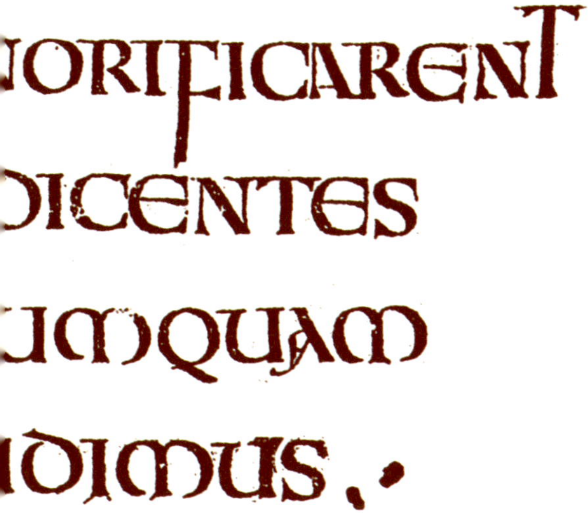

令人惊奇的是，一个手抄本中字体从头到尾的绝对匀称，需经过长期的训练才能达到，其代价则是工作进度相当缓慢，尽管同一本书可以分给许多人去抄。从古代作品中的大写字母，到人文主义的草体，书写经历了很大的演变。尽管各地区之间存在着差异，但更令人吃惊的，还是某些字体在全欧洲的迅速蔓延，尤其是细小的加洛林体，人们到处都能看到，从英国到西班牙，还有意大利北部，有一些还将影响到铅字的刻制。这里是中世纪字体的一些样式：安色尔体（本页左）、加洛林体（上图）和哥特体（左页中）。

东方和西方一样，最初的书常常是宗教书。《古兰经》的许多手抄本，都用美术字抄写，装饰都极其精致。9 世纪是大型图书馆创建的辉煌世纪，例如巴格达。左页是 13 世纪时一本阿拉伯手抄本中的细密画，描绘的是在巴士拉图书馆中阅读的场景，里面的书（册籍）都平放在藏书架上。带注释的《圣经》和《犹太教法典》是希伯来作品中传抄得最多的，有的还有漂亮的插图，同样，犹太人也为后人提供了不少哲学和科学著作。本页上图是 1583 年在克里特抄写的一本《哈伽达赫》（希伯来逾越节礼拜用书）。印度最古老的作品可追溯到公元前 1000 多年前。它们书写在不同的载体上，包括桦树皮、征服穆斯林后得到的纸、棕榈树叶，还有蒲葵叶（需经特殊制作），他们用削尖的芦苇秆在这些书页上书写。左图是 15 世纪末的一本印度梵文手抄本。

看又特费眼，仿佛它造出来是为了一切别的用途，唯独不是为了阅读。”

带画的书

卷轴书中很少有绘画，而册籍书则为插图艺术提供了一个有利的载体，并导致了一种颇有发展前途的技术的诞生，这就是彩色装饰。实际上，图书跟壁画一样，都是中世纪前期绘画知识的源泉。

手抄本中大量丰富的插图装饰，展现了中世纪绘画的一个真正全景。中世纪末期，宫中的彩色花饰由最好的艺匠承担，例如，查理五世的兄弟贝里公爵就特地请人为他著名的《大日课经》和《小日课经》绘制插图（见左图，彩色花饰书页，1390年前后）。在整页的绘画边上，彩色花饰工增补了许多花饰图案。14世纪，他们还发展了框饰技术，它常常是一个植物图案的框框，从彩色字母中延伸出来，蔓延在书页的边缘，最终把文本包围起来。这些花枝可以是葡萄叶子，还可以是怪诞和魔幻的形象，其名称“葡萄须”即由此而来。

彩色装饰技术在大画家们的帮助支持下，催生出不同地区的各自精彩风格。

直到12世纪末，彩色花饰还只在修道院内实践。随着世俗作坊的创立，它成为一种城市中的职业，常常由女性来从事，人称“彩色花饰女工”，往往集中在图书消费者居多的城市大学区，比如在巴黎就是拉丁区。较大的作坊还有了某种分工。

在图书装饰中，留给彩色字母的部分相对有限。当作品抄完后送到彩色花饰作坊时，艺匠便利用书中留出的空白来绘制插图，有时还利用作者或注释者的文字部分。他们常常利用摹本中的花样，或者利用保留的传统花样来画插图。这些图案至今留下很少，但其影响却显示在不同的手抄本中。艺匠首先用铅芯或墨水描出图样，然后涂上底色，最后才画出人物和物体。插图很少有未完成的，而未完成的图有助于我们研究当时的装饰技术，如利尔的尼古拉的《普世圣经评注》这一手抄本（上图和左页右图，14世纪）。

在画家们从事彩色装饰的同时，以此为职业的装饰工却在做“次要的”装饰工作（装饰字母，定框架），装饰抄书人为插图留下的空白区域，而且还是在上色工之后工作，上色工要用红墨水画上蝇脚（位于边白的符号，标明段落）、标示某些题目和起首大写字母。

通过形象传达信息

在手抄本中，插图在文本结构、信息传达和装饰等方面履行着不同的功能，据此可以大致区分为三个基本类别。

一是有花饰的首写字母，专门用来强调作品的第一个字母。首先，以其硕大在卷首鹤立鸡群；其次，以其多彩的花饰显示出独特，这些花饰由人物、动物形象或几何图形构成。从12世纪起，开始向着人像装饰字母演化，其轮廓则形成一幅插图的框架。

二是框饰，用于强调一部分文本或整整一页。它采取植物藤蔓的形式，延伸着花饰字母，并常常伴随小小的葡萄藤卷须，把一些有趣的小图像（正在祈祷或演奏音乐的人物以及动物、怪物等）包围在其中。

三是整页的插图，起源于某些古代卷轴中的形象装饰，它首先扮演了传达信息或解释的角色。册籍的形式给予了中世纪艺术家一个完美改编的框饰（feuillet，书页）。从中世纪早期起，福音书作者的肖像或献书的场景就常常占据了整整的一页。随着时间推移，这一类插图的地位逐渐增强，到 14 和 15 世纪，某些手抄本甚至成了图集，某些《圣经》读本已经像是真正的连环画。

装订

对神圣经文的尊重，体现在图书制作的全过程中，也使图书在社会中、在社会精英的关注中，享有优越的地位。图书凝结了长期而又耗资的关怀，应该被分享和保存。

一旦抄书人完成工作，各张帖册要一起被订到皮条（nerfs，肋线）上，肋线被固定在木头的书板（ais，书面板）上，然后，书面板还要覆盖上皮子。如果说，图书装订的第一个功能是保护，那么同时也满足了一种不断自我确立的装帧趣味。最古老的装饰技术是冷压印技术。某些著作还装饰有象牙、布料或者宝石，当然很罕见。书籍一旦装订好后，还要配上扣环。为了保护封皮，人们使用粗大的钉子、黄铜或铜丝的角铁。在图书馆里，人们把它们平放着保存，从13世纪起，还用一根链条把它们拴在斜面桌子上，以防被人偷走。

从册籍的出现到印刷术的诞生，经历了1000多年，在这段时间里，书获得了完整的形式，而谷登堡的发明只不过是在重复这一形式。尽管书在人们眼中已经极为熟悉，但在15世纪中期，它依然是一件稀罕之物。

豪华的版本有时候用宝石、象牙或金银来装饰（左图跨页，12世纪时的一本福音书），价值连城的著作——因其内容或因其拥有者的缘故——往往藏在珍宝库中，而不是在图书馆里。有些书专门为朝圣者而制，叫作“褡裢书”。上图是13世纪的一本书，装订成木铃形，可以挂在腰带上。

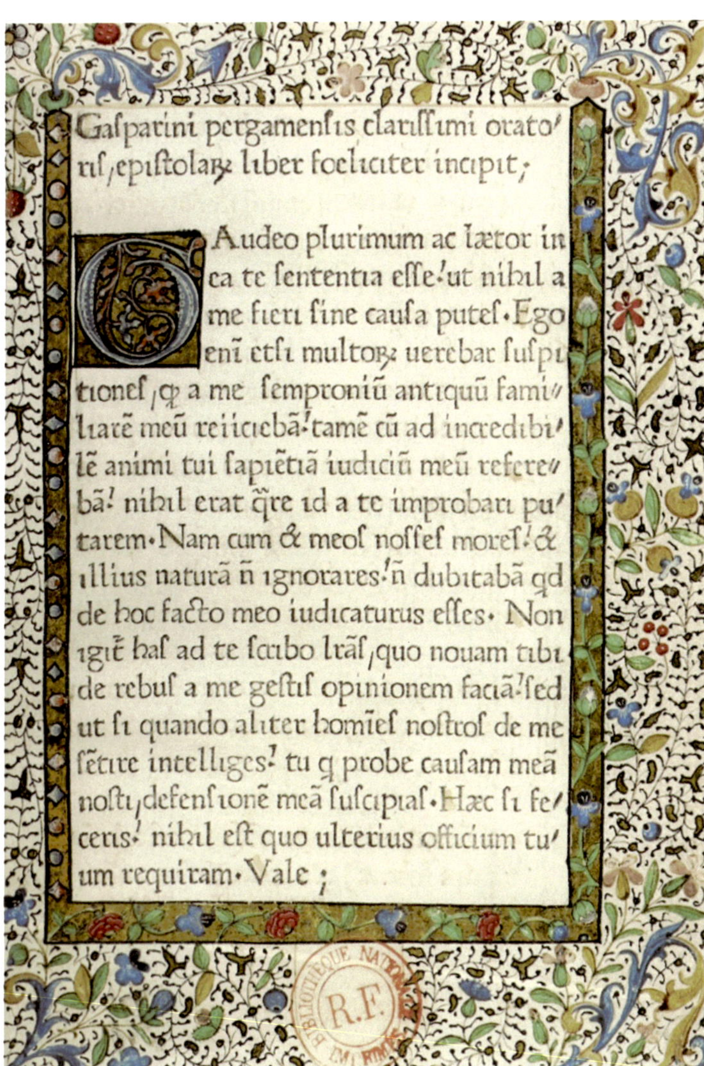

Gasparini pergamensis clarissimi orato-
ris, epistolarꝝ liber foeliciter incipit;

GAudeo plurimum ac lætor in
ea te sententia esse: ut nihil a
me fieri sine causa putes. Ego
enī etsi multorꝝ uerebar suspi-
tiones, q̄ a me semproniū antiquū fami-
liarē meū reiiciebā: tamē cū ad incredibi-
lē animi tui sapiētiā iudiciū meū refere-
bā: nihil erat q̄re id a te improbari pu-
tarem. Nam cum & meos nosses mores: &
illius naturā n̄ ignorares: n̄ dubitabā qd
de hoc facto meo iudicaturus esses. Non
igit̄ has ad te scribo lrās, quo nouam tibi
de rebus a me gestis opinionem faciā: sed
ut si quando aliter homīes nostros de me
sētire intelliges: tu q probe causam meā
nosti, defensionē meā suscipias. Hæc si fe-
ceris: nihil est quo ulterius officium tu-
um requiram. Vale;

很少有大发明家像谷登堡那样著名，又那样有争议。传说中他成了造福人类的神，却鲜有确凿的文献，历史学家在艰难地考证，他发明家的身份尚在争议之中。

第二章

谷登堡，一个有争议的发明家

在20多年的时间里，整个欧洲满怀热情地发现了图书制造这一革命性技术，它深刻改变了人类思想以及传播的历史。这项技术最初似乎是由一个名叫谷登堡的人（右图）发现的。左页是1470年在巴黎印刷的第一本书——加斯帕里诺·巴尔齐扎的《书信集》的一页。

在欧洲，写在纸上的最早抄本来自西班牙和意大利。造纸业以破布当原料，经过挑拣、洗涤、剪碎，然后用磨碾碎，得到纸浆，再把纸浆放入水槽里加热。通过一种叫 forme 的筛滤板（配备有金属丝网的木框），纸被一页一页地造出来。经过晾干和上胶（以便能承受书写），每 25 页合成 1 张（main），每 20 张合成 1 令（rame）。13 世纪末，造纸者备有一种带图案的筛滤板（filigrane，水印），图案在纸上透明可见，它可以为人们提供纸张生产的大致时期。左上图便是一个贝壳形水印在 14 和 15 世纪中的形式变化。

对文本的需求在增长，手工抄写便暴露出了局限性。从很早起，人们就在尝试种种探索，试图找到一种迅速增加文本数量的方法。

纸终于出现了

若不是造纸术传到了欧洲，印刷业是绝不会经历一次如此飞跃的，比起一直用于手抄本的羊皮纸来说，纸作为图书载体要更便宜，也更柔软。

造纸术由中国人在公元 2 世纪初（或许还要更早些）发明，它经过地中海附近的阿拉伯国家，很晚才传入欧洲。大约 13 世纪时，它先传入西班牙，随后是意大利。在欧洲，造纸术享受到重大技术革新的种种好处，却遭遇了重大阻力。直到 18 世纪末，造纸术一直没有太大的变化。纸的出现，固然大大降低了图书制作的费用。但是，在抄书人的眼中，它实在太脆弱了，尤其是与过去的羊皮纸相比，这一点大大妨碍了纸作为手抄本载体的使用。在此后的 200 年里，在信奉基督教的北欧，造纸术才慢慢地流传开来。

宗教木版画

谷登堡的发明，跟木版印刷［xylographie 一词来自希腊语的

中国人是最早使用木版印刷的，左图的卷轴《千佛图》就是证明，成于9世纪，由同一块雕出图案的方木版无数次反复印刷而成。在欧洲，从14世纪起，德国和佛兰德在这方面最为发达。左页下图是两块在里昂用于印制塔罗纸牌的木版。

xulon（木头）和 graphein（书写）］不无联系，尽管是间接的联系。而雕刻木版的技术，其实早就在布料印染中使用了。

它的原理很简单，即在一块雕刻了图案、凸出的平面并着了墨的木板上，覆盖一张纸，用刷子涂拓。这种印刷技术在14世纪经历了一次大飞跃，尤其是在宗教画制作和纸牌制作方面。约5000张16世纪之前的印刷图保留到了今天，其中大部分为宗教题材。随后，人们才养成习惯，制作出所谓木版印刷的多页的小册子，中间插入文字，而且越来越长。最早的小册子可以追溯到1451年至1452年（也就是谷登堡印刷《圣经》的同一时期）。木版技术在与印刷术的竞争中存活了下来，尤其使用在图书装帧上。

铅字、印刷机和油墨

活字印刷的原理则很不相同，它要把许多金属活字组合在一起，排字工可以随意挑选所需活字。要想得到这些活字，首先要把凸体字母镌刻在一个坚硬的金属（钢）字冲上。然后，把字冲打到一个不那么坚硬的金属（铜）模子上，形成凹体字母，随后把这个字模放到一个模型中，再在上面浇铸上一种铅、锡和锑的合金。这样，人们就得到了一系列完全一模一样的字母，可以为印书提供规则而又美观的字体。这一决定性的发明得到了两大基本技术的支持：一是压印原理的改造，压力机早已经在别的领域中使用，例如榨葡萄酿酒；二是一种实用油墨的成功配制，这种墨要比抄书人用的墨水更黏稠，不易流动。

新印刷术的这三种决定性因素的协调，历经至少15年的摸索和尝试，至今我们还能找到这期间留下的痕迹。总之，这是一项当时人们还不熟知的杰作。

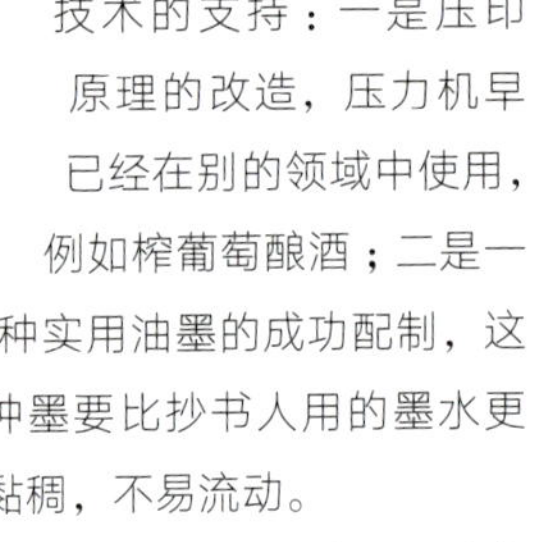

铅字的制造原理基于这样一种技术：迅速地生产出一系列一模一样的字体来，其数量足以排满好几个书页的印张。左图是最早的铅字铸造器材：字冲、字模、模型和用于浇铅的铸勺。虽然金属活字是15世纪在中国发明的，但是，它们的使用则到了现代才普及开来。

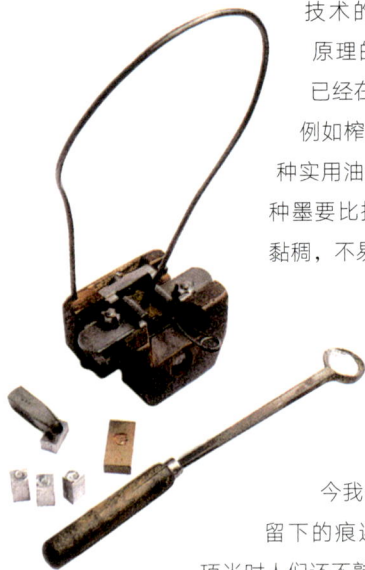

先驱者和探索者

在朝鲜至少从14世纪起，中国则稍晚些，旨在加快文本传播的金属活字印刷技术就已发明，只不过还不像木版印刷那样流行罢了。而木版印刷从13世纪起就被证实，加快了印刷品在东方国家的流传。

同样在欧洲，谷登堡并不是唯一对印刷材料进行探索的人。从 16 世纪起，有不少爱国的历史学家争先恐后地把这一发明的荣耀归于自己的国家。但是，荷兰哈勒姆地方的劳伦

这台手压印刷机是全木制的，是印刷业最初时期使用机器的复制品。在 19 世纪初的革新前，它的工作原理并无改动。印刷工人把印版，即要用于一次印刷的整张纸大的版盘，放到 marbre（版台）的平面上，用鬃毛 balle（球）给它上色，然后把纸放在上面。再把印版推到可垂直活动的 platine（压板）底下，然后拉动杠杆的手把，使压板落下，压在印版上面的纸上。这样，活字上的油墨就印在纸上了。

斯·扬松·科斯特无法获得“坚实的竞争权”，据说，谷登堡曾偷窃过他的研究成果。

普罗科普·瓦尔德福格尔是一个来自布拉格的金银匠，1444 年至 1446 年间居住在阿维尼翁。据资料记载，他教人使用一种用金属材料创造的“假写艺术”。但是，他的产品没有保存下来，人们甚至不知道，它们究竟是不是活版印刷。

谷登堡当年的肖像都没有保留下来，这更增添了笼罩在他身上的神秘感。19 世纪，他的图像才大量流传于世，给人的印象是一个大胡子老人，戴着一顶帽子。左图是他最早的一幅肖像（兴许他本身也是照以前的画像画的），发表于 1584 年，此后的肖像造型都以此为依据。

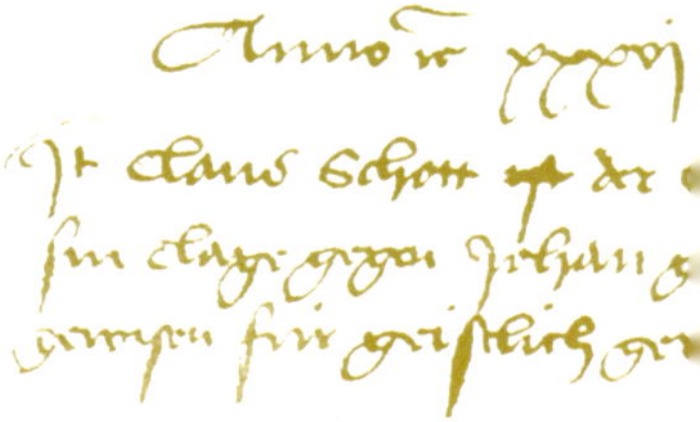

谷登堡，这位陌生的名人

人们对谷登堡其实也了解不多。如果说，他的发明成果举世瞩目的话，那么他事业的不同阶段却大多蒙着神秘的面纱，尽管世人对他进行了多方面研究。关于他的档案材料很少，而且常常是简单的副本，从中只能勉强了解他作为印刷商的几个时段的活动。

约翰·根斯弗莱施，通称谷登堡，生于 14 世纪末美因茨的一个金银匠家庭，那时，美因茨还是一个小城市，但经济十分活跃。他可能在斯特拉斯堡长期生活过，至少，从 1434 年至 1444 年在那里活动。1439 年时一份诉讼文件显示，他当时在研究快速生产法，却是在一个与印刷业相距甚远的领域中：他

档案资料尽管很少，却依然揭示了谷登堡的某些怪异性格。在斯特拉斯堡，标明日期为 1437 年的一份诉状证实，他虐待一个叫克劳斯·肖特的鞋匠，把他当成一个可怜家伙，过着一种靠欺诈和撒谎为生的可耻生活。上图就是这份诉状的片段。

投身于许多带有工业性质的活动，例如大批制造小镜子，卖给朝圣者作为随身携带的标志。至少在三年前，他就在对一种“新艺术”做着尚属秘密的研究。有资料证实，为此他使用了一架压力机、印版、铅块，以及和“压印”，或者更确切地说和“印刷”有关的工具。但是在 1459 年之前，斯特拉斯堡没有出现过任何印刷著作。

然后他的踪迹就消失了，从 1448 年至 1454 年，他出现在美因茨。正是在这一阶段末期，具体日期已无法确定，第一批印刷品诞生了，它们是《多那书》(拉丁语语法书）和历书。人们把这些全都归功于谷登堡，因为他们实在不知道，除了他，当时还有谁有能力做这件事。

谷登堡生在美因茨，也死在美因茨（上图为该市景色）。但他在斯特拉斯堡生活了相当一段时期，那时这座城市还属于日耳曼神圣罗马帝国。除了他神秘的、最终发明的印刷术外，他还制造过小镜子。他曾打算把小镜子卖给计划于 1440 年去亚琛朝圣的信徒们，那时，朝圣者的人数达到 10 万。如同 1487 年所绘的圣西博的这张肖像（左图），朝圣者习惯于把这样的小镜子缝在帽子上，当作珍贵的纪念品来炫耀。

依然是《圣经》

经过初步探索之后，谷登堡开始实施一个抱负更大的计划：印刷一部《圣经》。如此大的一项工程需要一笔雄厚的资金，于是他就到处筹钱，最后得到了金融家约翰·富斯特的资助。第一次，在1449年或1450年，他备齐了全套工具，随后，他又多次在印刷过程中投资（购买纸、羊皮纸和油墨，支付工资）。富斯特的参加并不限于金融方面，同某个名叫彼得·舍费尔的人一样，他还积极参与发明。

四十二行本《圣经》，是第一本因其每页的行数而得名的印刷书，这使它有别于以后的其他版本（例如，三十六行本《圣

这是人类历史上第一次复制同一本书，而且想生产多少就生产多少。上图和右页上图是谷登堡印刷的《圣经》的两个样本，开头的9页都是每页40行，第10页有41行，以后的各页都是42行。变化并不很明显，印刷商渐渐地缩小字体，无疑是出于经济上的考虑。

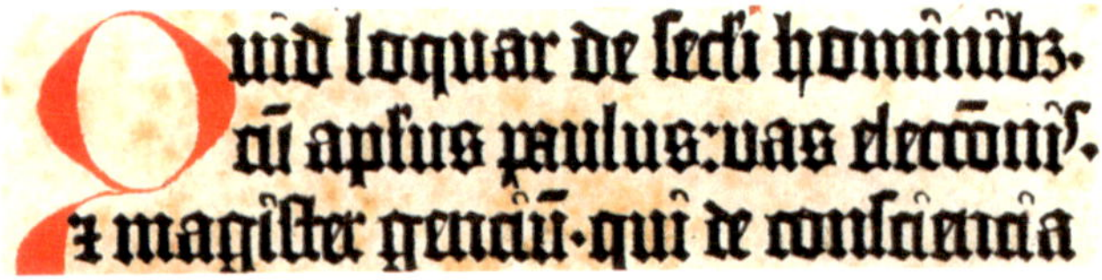

Quid loquar de seculi hominibus.
Quam apostolus paulus: vas electionis
et magister gentium qui de conscientia

经》)。它似乎在 1454 年的第四季度就告完工，但没有一册书上印有印刷日期和印刷商的名字，只有一个手写的结语，由美因茨一个叫海因里希·克雷默的上色装饰和装订匠写在其中的一本上，表明他是在 1456 年夏天结束工作的。考虑到装饰色彩字母和装订所需的时间，这条结语可以帮我们确定，该书于 1455 年结束印刷。

活版印刷的里程碑

在 1455 年 3 月 16 日一封写给教皇特使的信中，当时还是腓特烈三世秘书的皮科洛米尼主教（后来的教皇庇护二世）汇报说，他于 1454 年 10 月在法兰克福遇到一个“奇怪的人”

如何精确地断定四十二行本《圣经》的印刷日期呢？下图的结语是美因茨圣埃提安会的助理司铎海因里希·克雷默，于 1456 年 8 月 15 日写在该版的一册书上的，它提供了一个明确的指示。那些空白处是事先留出来的，让上色装饰匠来描画花饰字母。对 1465 页的《圣经》来说，这一任务无疑要花费好几个月的时间。

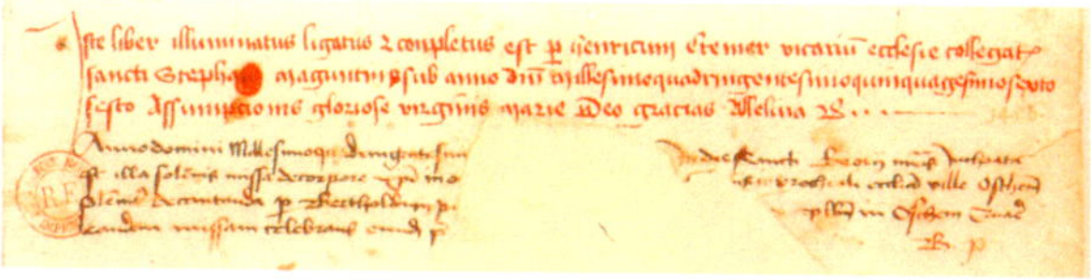

在卖一本《圣经》的印张，它们可以装订成相当数量的书，“字体十分清晰，书写十分正确，没有丝毫错误，陛下完全可以不戴眼镜毫无困难地阅读”。那个人是谁？人们不得而知，但是至少有一点可以肯定，他卖的是由谷登堡印刷的《圣经》，在当时还没有完全印完。

这第一本书是个对开本，一个印张对折，每页印成两栏，这本书是活版印刷的真正里程碑：书中335万个字符，需要差不多300种不同的活字，其字体是根据在手抄本中使用的哥特体做出来的。

它的印数可能有160到180册，其中的30册印在小牛皮纸上。据考证，目前在全世界共有50多册这一版本的藏书，这对一本在那个时代印刷的书来说，绝对是个奇迹。此外，人们还可以肯定，有6个排字工参加了排版，排版从1452年到1454年，前后可能持续了2年。

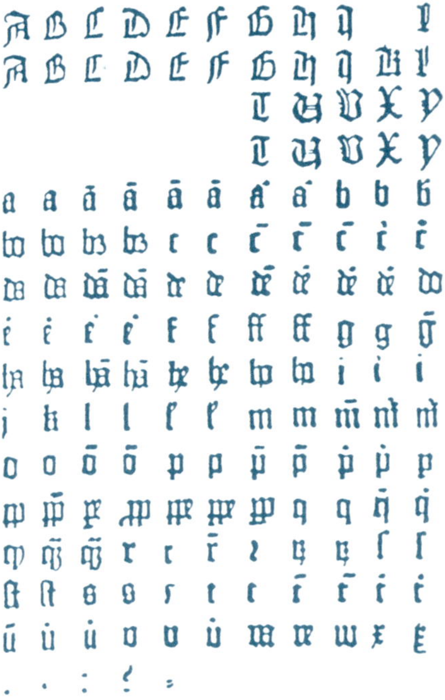

活版印刷的四十二行本《圣经》中的字体（上图）都是同样大小和形状，模仿此前在手抄本中使用的哥特体：有一些缩略的连体字母，大量的单个字母，包括大写字母和小写字母。它们的宽度有所不同，以便更好地“匀行”。活字种类的数目很大，依据不同的估算，在270种到300种之间。

从《美因茨的圣诗》到赎罪券

尽管人们没有发现任何的明细账，但这本《圣经》看起来卖得还算不错。不过，并没有好到收入抵过投资，支出显然大大超过了收入。富斯特的美梦由此破灭，1455年底，当他发现谷登堡无法还钱时，便跟他正式断绝关系，他还把谷登堡告上了法庭。从此，两人分道扬镳。

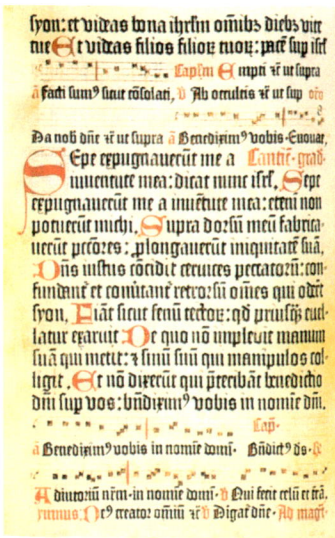

富斯特和彼得·舍费尔合作，利用印刷术的发明，出版了最早印有日期和印刷商名字的作品——《美因茨的圣诗》。它于 1457 年 8 月 14 日印成，这个豪华的活版印刷本拥有约 500 个不同的活字，而且全都印在小牛皮纸上。到 1466 年，这两人合作生产了 30 部高质量的印刷品。

至于谷登堡，他又回到不那么轰动的计划上来，尤其是人们大量需要的赎罪券，这给印刷工场带来了生机。这一时期，谷登堡印刷作坊出版的其他作品还有历书，1460 年前后，他又印出了一部《圣经》，人称“三十六行本”。

《美因茨的圣诗》用红、蓝、黑三种颜色印刷，其印数无疑要低于《圣经》，因为留传至今的只有 10 余本。书的结尾是第一个关于书的历史的结语：“这本神圣的诗篇，装饰有漂亮的大写字母以及彩色花饰，它的制作全靠了印刷机械和造字技术的发明，没有用笔写过一个字，感谢上帝，靠着美因茨公民约翰·富斯特，以及盖恩斯海姆的彼得·舍费尔的智慧，完成于耶稣纪元 1457 年的圣母升天节前夕。”富斯特和舍费尔此后出版了 30 多部著作，尤其是 1459 年的第二版《美因茨的圣诗》（左图），另外一些版本的《圣经》，以及一本《西塞罗文集》。富斯特 1466 年在巴黎去世后，舍费尔继续从事印刷事业，印海报、小册子、赎罪券，至 16 世纪初逝世。下图是他从 1462 年起使用的印刷商标，他是第一个使用印刷商标的印刷商。

IOHANNES MENTELIVS,
Argentoratensis,
Primus Reipublicae patriae Typographus famigeratissimus.
Natus A. Den. A. MCCCCLXXIIX.
Ex collectione Friderici Roth-Scholtzii Norib.
Mich. Rösler sc.

日耳曼人的一个专业

谷登堡的发明并非长期停留在秘密状态，他早先的合伙人开了新作坊。最初的书出现在大学区和教士集中的街区书店里，也包括一些像巴黎那样还没有印刷厂的中心城市，潜在的市场大有希望。这一切都刺激着印刷业的发展。

在谷登堡开印刷所后约 20 年，斯特拉斯堡成了第二个开办印刷作坊的城市。从 1459 年起，约翰·曼特林（左图），一个早先的彩色花饰匠，在斯特拉斯堡印行了一部《圣经》。随后，印刷业很快风靡全欧洲。15 世纪，意大利占总生产量的 44%，日耳曼国家占 31%，法国和瑞士法语区占 16%，比利时和荷兰占 3.5%，西班牙占 2%，英国占 1.2%。

印刷业的发展开始于美因茨以及莱茵河地区，在谷登堡生前，那里就有许多印刷作坊：曼特林（斯特拉斯堡，1459）、普菲斯特（班贝格，1460）、策尔（科隆，1466）、吕佩尔（巴塞尔，1468）、蔡纳（奥格斯堡，1468）。

谷登堡早先的伙伴都扮演了一种决定性的角色。几乎在各处，德国印刷商都表现出强烈的敬业精神。在迁移中，他们携带的物资装备有限，但他们带着新技术义无反顾地上路，从一座城市到另一座城市。有时候，他们还要远离祖国，去寻找合伙的股东。

那些股东可以是文艺资助者，例如让·德·罗昂，他在布列塔尼自己的城堡附近创办了一个小型印刷所，出版了十来部著作。教会上层人士经常自己就是印刷商，因为宗教书籍的需求量极大，如祈祷书、《日课经》、神学著作，同时还有教育书籍。有大学的城市往往最早建立起印刷所，因为那里居住着大量顾客。

在路上

最初一批活版印刷商的流动，促进了印刷业的迅速传播。最著名的例子就是约翰·诺伊迈斯特，他在欧洲的行程，可以通过他印刷作品的地点重新描绘出来。起先，他是老年谷登堡的合作伙伴，大约 1460 年，他出发去了意大利。1464 年，他到了罗马，然后又到了翁布里亚地区的福利尼奥，在那里，他于 1470 年出版了但丁作品的第一个印刷版（同时，他也因负债而入狱）。1479 年，他到美因茨住下，次年，在当地主教的邀请下，移居法国南方的阿尔比。随后，他又在维也纳王储国活动，然后是里昂，于 1485 年在

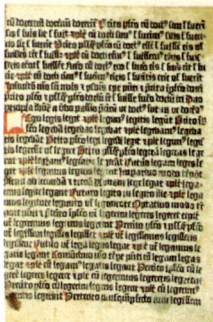

4 世纪时，圣哲罗姆的私人教师埃利乌斯·多纳图斯写了一本以他的名字命名的著名的拉丁语语法书《多那书》，它成了印刷术出现初期印制的经典书之一（上图）。

左图的版画是从《骷髅舞》（里昂，1499）中选出来的，它最早表现了一个印刷作坊（兴许是马蒂厄·胡斯的作坊）。印刷的不同过程被集中在了一个场景中。排字工坐在一条凳子上，从 casse（字盘）中拿取活字，放到左手的 composteur（手盘）中，而他的眼睛在看需要排版的文本，这文本就插在字盘上方的 visorium（视架）上。在印刷机旁，一个工人正拿着一个鬃毛球，在印刷之前给印版上油墨。在临街的店铺中，书商把书平放在架子上。在里昂，图书业长期集中在梅尔西埃街附近一带。

那里定居。

两位德国印刷商，美因茨的康拉德·斯韦恩海姆和科隆的阿诺尔德·潘纳尔茨，在罗马附近的苏比亚科本笃会修道院中，创办了第一个印刷作坊。两年后，在罗马城内也创办了印刷所。

印刷业迅速地在意大利北部发展，不是在佛罗伦萨（在那里，美第奇家族依然忠诚于传统的手抄本），而是在威尼斯，1469年，让·德·斯皮尔的印刷所创建。法国人尼古拉·让松可能从1458年起就已经被查理七世派到美因茨，来学习谷登堡的发明，次年他掌握了印刷技术，印了几部作品。到1500年为止，威尼斯一共出版了4000种印刷书，成了欧洲最主要的印刷中心。

很快，整个欧洲……

在西班牙，约翰·帕里克斯·海德堡1472年在塞哥维

15世纪时意大利的彩色装饰丰富多彩，千姿百态，所有的大城市都有各自的风格。新生的文艺复兴运动正在威尼斯兴起，无疑令其成为书籍之都。1500年之前，就有150个印刷商在那里办厂，印行了4000多部作品，其中有许多杰作。威尼斯的第一个印刷商让·德·斯皮尔，使用了当时人文主义者喜用的字体。尼古拉·让松更是把印刷技术推向高峰。他1420年生于法国，从1458年起被查理七世派到美因茨，来了解印刷术的秘密。从1470年到1480年，他在威尼斯开办了印刷所（左图是他的商标）。

让松邀请最好的细密画画家来为古典作品绘制插图。右页图是《名人传》的一页，这本书于1478年用罗马字体印刷，由吉罗拉莫·达·克雷莫纳做彩色字母装饰。这一页叙述的是忒修斯的生平，装饰有一系列的林泽仙女和半人半兽，还有串串的珠宝。最下面，一对狮子似乎在监视两头公鹿和两头母鹿，边上有一个大胡子的半人半兽怪物。在花饰字母“Q”的中间，可以看到作者普鲁塔克，他正坐在桌前写作。

THSEI VITA PER LA
PVM FLORENTINVM
EX PLVTARC GRAEC IN
LATINVM VERSA

2

QVEMADMODVM IN ORBIS TERRAE SI
tu deſcribendo hiſtorici ſolent: ut ad quæ ipſi co-
gnitione aſpirare non poſſunt: extremis tabularũ
partibus ſupprimentes quibuſdam adiciunt lo
cos eſſe uaſtos arenoſos & cælo terraq; penuriam
aquarum: aut limum inſuperabilem: aut mõtem
ſtiticum: aut aſtrictum frigore pontum: ita & no
bis in hac uirorum collatione perpetua rerũ hiſto
ria quantũ probabili oratione aſſequi potuimus:
de his quos ſupra memorauimus uiris tempora
percurrẽtibus uere licuit affirmare. Quæ uero an-
tiquiora ac uetuſtiora ſunt: tragica & monſtruoſa
poetæ & fabuloſi rerum ſcriptores occupant: nec ultra fidem ullam nec certitudinem
præſe ferunt. Cum igitur Lycurgi legũ latoris & Nume regis res geſtas litteris manda-
uerimus: haud ab re fuerit ad Romulum orationem conuertere: quando hiſtoria ipſa
ad eius tempora q̃ prope acceſſimus. Sed mihi diu cogitãti huic uiro (ut inquit Aeſchi-
lus) quis conueniret: quem illi opponerem: quis dignus ſecum in comparatione cõiun
gi: uiſum eſt tandem faciendum eſſe: ut a quo celebrata Athenienſium ciuitas ampli-
ficata eſt: eum cum glorioſiſſimæ atq; inuictiſſimæ urbis Romæ parente conferrem &
compararem. Licet autem nobis reiectis fabulis ad ipſam claram hiſtoriæ lucem & ue
ritatem accedere. Quod ſicubi neceſſitas coget nos ab hac parumper digreſſos: ad id
quod ueriſimile ſit conferre: a quo fortaſſe hiſtoria abhorreat: nec admittat ullum cũ
probabilitate cõmertium: æquis auditoribus opus erit: quiq; benigne & humane initi-
um orationis exaudiant atq; approbent. Videtur igitur Theſeus multis de cauſis Ro
mulo q̃ ſimillimus extitiſſe. Ambo. n. cum ſpurii & obſcuri forent: exiſtimati ſunt
a Diis imortalibus procreati eſſe. Ambo ẽt belicoſi ac manu ſtrenui: hoc quidem om-
nes ſcimus: & quanta maxime fieri potuit prudẽtia præſtiterunt. ex duabus quoq; cla
riſſimis ciuitatibus Roma & Athenis: alteram hic condidit: alteram ille nouis colonis
compleuit. Fœminarum præterea raptus de utroq; feruntur: nec eorum quiſq̃ dome-
ſticam cladem & crimina ſuorum effugit: ſed ad poſtremum ambo dicuntur in inui-
diam & offenſionem ciuium incidiſſe. Siquid igitur ex his quæ minus tragice dici ui-
dentur ad ueritatem conducit: Theſei quidem paternum genus in erechtheum ac pri-
mos indigenas referebatur: maternum uero in Pelopem. Pelops enim non opibus ma
gis & copiis q̃ natorum ſobole cæterorum Pelopõneſi regum potentiſſimus fuit: cũ
filias permultas optimatibus in matrimonio locaſſet: multoſq; in rebuſp. paſſim pri
cipes diſperſiſſet: e quibus unus Pittheus extitit Theſei maternus auus: qui urbem nõ
magnam trœzeniorum incoluit: is qui per id temporis omnibus ſapientia & eloquen-
tia plurimum præſtare putabatur. Fuit eius ſapientiæ ut uidetur talis quædam uis ac
forma: qualem complexus Heſiodus cum ſua ſcripta ſententiis plurimis referſiſſet:
ſapiens imprimis eſt habitus: atq; eam unam ex Pitthei ſententiis fuiſſe memorant:
Eſto ſatis comiti merces promiſſa laboris. Cuius rei Ariſtoteles philoſophus ẽ auctor.
Euripides etiam cum Hippolytum caſti Pitthei diſciplinam appellet: hanc eandẽ de
Pittheo opinionem perſpicue atteſtari uidetur. Aegeo uero cum filiis indigeret: uulga
tum illud oraculum Pythiam uatem ceciniſſe ferũt: quo iuſſit ne cum muliere coiret:
priuſq̃ Athenas accederet. quod cum non ſatis aperte dixiſſe uideretur: in Trœzenem
profectus: de Dei reſponſo cum Pittheo communicauit: quod huiuſmodi fuit: Neue

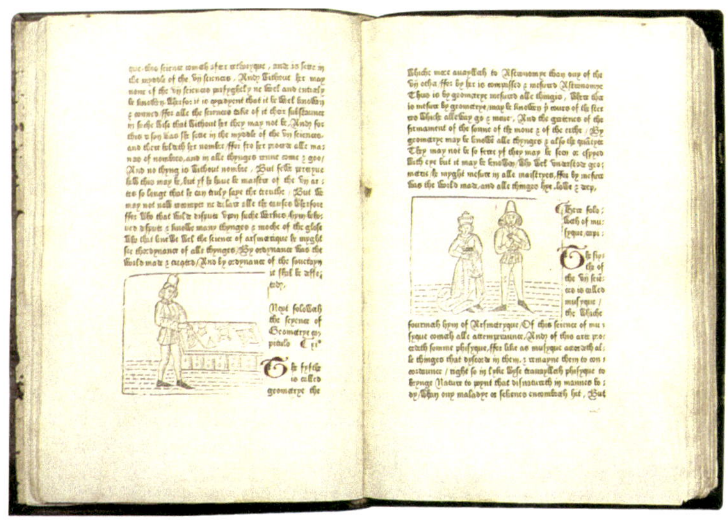

威廉·卡克斯顿于1474年在布鲁日印刷了第一本英语书，然后，他在威斯敏斯特修道院创建了自己的印刷所。他得到了国王的支持（上图是他印刷的《坎特伯雷故事集》，左图是爱德华四世参观他的作坊，下图是他的印刷商标）。一直到1530年左右，在英国的印刷商绝大多数是外国人。

亚开了印刷作坊；次年，另一些印刷所在巴塞罗那创建，然后，是巴伦西亚和萨拉戈萨。1473年卢万开始在荷兰开办印刷所。在瑞士，先是在巴塞尔（1468），然后是在日内瓦（1478）。在波兰，从1474年起，克拉科夫就有了印刷所；在奥地利和波希米亚，则是1475年的事。

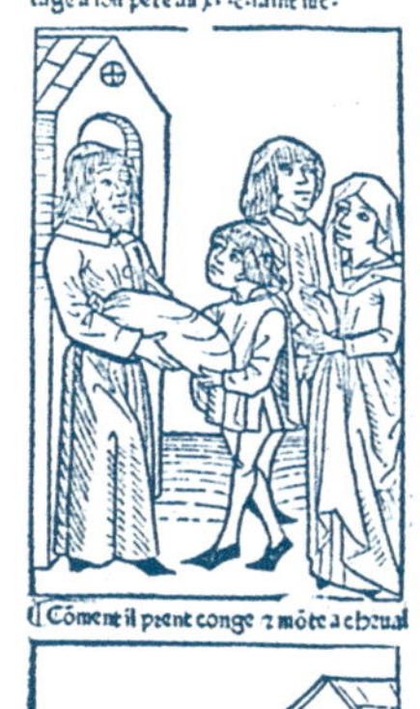

在法国印刷的第一本插图书《人类获拯救的镜鉴》（上图），1478年8月26日由里昂的印刷商、原籍德国的马蒂厄·胡斯印刷完毕。他按照习惯，重复使用了两年前已在巴塞尔用过的德语版的256幅木刻画，而德语版本身也是根据14世纪初的一部拉丁语作品改编的，那些故事早在中世纪就十分流行。

印刷业稍晚一些时候传到了北欧。英国的服饰用品商威廉·卡克斯顿先在比利时、荷兰，后在科隆学习印刷技术，在布鲁日建立了第一个印刷所后，于1476年建所于威斯敏斯特修道院。在丹麦还要等到1482年，而在瑞典则还要更晚。到1480年，共有100多座欧洲城市开办了印刷工场。木版印书在印刷业起步时期达到了一个高峰，却没有持续多久，随着印刷业的逐步兴旺，它迅速地衰退了。

最初的插图书出版于1460年，由普菲斯特在班贝格印刷。与此同时，木版印刷书还在流传，这是一些配有简单文字的插图书，用于教育或者卖给私人，例如朝圣期间。由于出现了强有力的竞争对手，此后的插图印刷书在1471年才重新出现（在法国则于1478年出现在里昂）。木版的使用在15世纪最后20年间才普及开来。开始时，它们是分开印刷的，很快地，带插图的木版被插到了活字印版中一起印刷，而且，它们常常在各种著作中重复使用。

从索邦学院到“金色太阳”

从1466年起，印刷书开始在巴黎出售。在法国出版的第一批作品，似乎就是在索邦学院里生产的。开路先锋则是学院的两位成员——萨瓦人纪尧姆·菲谢和来自莱茵河地区的让·海恩林，他们请来了三名德国印刷商，乌尔里希·格林、马丁·克兰茨和米夏埃尔·弗里伯格，印刷一些学术著作的手稿。

一本由意大利教授加斯帕里诺·巴尔齐扎写的关于书简艺术的教材《书信集》，是他们印出来的第一部作品。在两年半的时间里，他们印了22本书，然后，在1473年他们在圣雅克街开设了名叫“金色太阳”的印刷所。

第二年，两个原籍德国的活版印刷商彼得·凯撒和约翰·斯托尔，在“金色太阳”的隔壁开了一家名叫“天鹅骑士”的店。拉丁区，尤其是圣雅克街，成为传统出版行当的经营地，至今依然红火。

巴黎这些最初的印刷所开创了印刷业的先河：15世纪，法国36座城市中至少有一家印刷所，它们大多是

巴黎当时拥有欧洲最大的大学，最初的印刷书似乎在那里流传得很快。谷登堡当年的伙伴富斯特和舍费尔，时不时地在巴黎停留。纪尧姆·菲谢和让·海恩林多次被选为索邦学院的院长和图书馆馆长，他们表现出希望了解人文主义思想的迫切愿望。人称“德拉皮德”的海恩林，曾有机会在瑞士考察一个印刷所，把三个活版印刷商带回了巴黎。他一方面担任校对工作，另一方面密切监督印刷过程。而菲谢则忙着寻找保护人和资助人。左图是一幅放在菲谢撰写的《修辞学》卷首的细密画，图中菲谢正把他的书献给贝萨里翁，后者是希腊伟大的人文主义者，为把他祖国的文化介绍给西方做出了很大贡献。

许多印刷商和书商都有专业分工（如人文主义作品、宗教作品、教材，等等）。他们往往为自己的店铺选择一个有象征意义的店名招牌，例如“金色太阳”或“绿色风箱”，有时候，这些名称被当作商标，印在作品的开头或结尾。左图是巴黎印刷商吉奥·马尔尚1483年时的店招。

有大学的城市（图卢兹、昂热、格勒诺布尔，等等）。里昂的情况有些不同，实际上，里昂著名的书市起了商业交流的作用，还有重要的市民阶层的存在，这些原因促使里昂在1473年开始建立印刷业，并得到迅速发展。

在世纪交接之际，巴黎和里昂的印刷业占了全法国80%的生产量。

“摇篮书”

16世纪初叶，整个西欧和中欧都已

在加斯帕里诺·巴尔齐扎的《书信集》的最后一页上，有这样的诗句：

新的太阳，你普照大地，
哦，巴黎，王国的都城，缪斯的母亲，
科学的光芒：
你接受作为回报
这一由日耳曼发明的
几近神圣的书写艺术。
这是在法兰西土地上，在你的家里
创造和制作的第一本书。
把它印刷出来的师傅们，
米夏埃尔、乌尔里希和马丁，
还将印制另外的作品。

人称“德拉皮德”的让·海恩林（本页左图是他的签名）以及纪尧姆·菲谢（左页是他的签名）还利用印刷来传播自己的作品。

Ipse dixit et fa
sūt ipse mādauit
creata sūt
ps 32

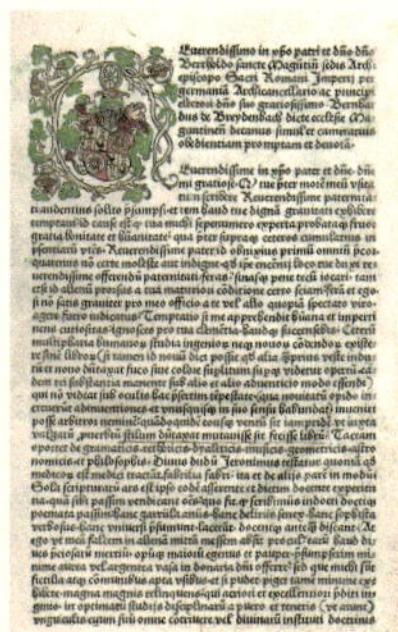

In secundā peregrinationē ab Jerusalem per solitudinē in montem Synai ad sanctam katherinam p̄fatio cōmendaticia incipit feliciter.

Quisquis veteris instrumenti sacras legit historias ꝛ pēthatheu cum p̄sertum atq̄ josue volumen crebro reuoluit· haud poterit ignorare neq̄ ammirari satis· magnificentiā glorie sanctitatis dei· et mirabilia opera eius· virtutem quoq̄ terribiliū suorum· memoriā deniq̄ habūdantie suauitatis eius· quibus omnibus deus ipse cūctipotens desertū illud inuium et vastā solitudinē· in qua erat serpens flatu adurens· Dipsas ꝛ Scorpio· atq̄ plurima mortis imago· illustrauit· magnificauitq̄· dum filios israhel in terram quā iurauerat patribus eorum Abraham ysaac et Jacob· per longissimos vie circuitus introduxit· in mansionibus quadraginta diebus· precedens eos in columna ignis p̄ noctē· et in columna nubis per diem· panem quoq̄ de celo prestans eis omne delectamentum et omnem saporem suauitatis in se habentem· Nam et petram percussit in deserto Syna· et fluxerunt aque in habundantia· ita vt biberent et iumenta· Pars enim domini populus eius· jacob funiculus hereditatis eius· Inuenit eum in terra deserta in loco horroris et vaste solitudinis· Circūduxit eum et docuit et custodiuit quasi pupill

《圣地朝拜》（左上图与左下图）是印刷史上第一本游记。作者贝尔纳·冯·布雷登巴赫是美因茨的一名贵族，他决定去耶路撒冷朝圣，并写一部游记。他同画家埃哈德·留维克一起出发，从 1483 年 4 月到 1484 年 1 月，先后游历了意大利的威尼斯、埃及的亚历山大、开罗等城市以及圣卡特琳娜修道院、西奈山等景观……。作品于 1486 年在美因茨发表，立即获得成功，先后出版了拉丁语、德语、法语、西班牙语本。作品中最早使用了插在书中的折叠版面，用于印地图或大城市的景色（见下一页，耶路撒冷景色）。

几年后，历来从事博学著作出版的安东·科贝格，出版了《纽伦堡编年史》，这是哈特曼·舍德尔的《编年史书》的通用名。从 1493 年起，出现了德语和拉丁语本。它包括近 2000 幅版画，其中许多出自版画家米夏埃尔·沃尔格穆特之手（左页以及第 51 页右边）。

得益于谷登堡的发明，东欧（莫斯科，1563）则要稍稍晚一些，中美洲（墨西哥城，1539；莱马，1584）和亚洲也是如此。欧洲有250座城市在1501年之前生产了被称为“摇篮书”的作品。这一称呼出现于17世纪，来自拉丁语incunabulum，意思就是摇篮。时间划定在1501年，并不是说那一年图书生产条件发生了改变，也不是说书的形式在那时有了改观，它只是被所有图书馆的清点和登记所采用而已。

在法国或是在瑞士，某些印刷商用木版刻印的花体字母，有时甚至带有极其精巧的图案，来装饰作品的题目（当时一般书名的排印往往不超出一行或两行）。

在这幅图中，大写字母“L”是书名《故事之海》的第一个字母，该书由皮埃尔·勒鲁热于1488年印刷。

虽然德国发起了运动，但是威尼斯那时候却占据了首席（在1495年到1497年间，它的出版物占了总量的25%），其次是巴黎。据统计，在210多座不同的城市中，出版了大约2.7万种图书，总计1000万到1500万册。

由于缺少印刷数的统计，以上数字并不很精确。许多作品只是通过一本样书才被人所知，由此不难猜想，相当数量的书已经失传。例如，在日内瓦，100来种出版物中，37种只有一本样

书，26 种只有两本。另外，某些类型的文献、行政和广告性质的文件，如海报、公告、证书或赎罪券，无疑没有统计在内。

然而，它们在转向……

印刷业一开始在大城市兴起的事实，并不妨碍印好的书在各地的流通，许多城镇或地区在还没有开办印刷厂的时候，就已经看到图书了。一些大书商还把书店开到了国外。小贩们，尤其在德国，把最初的一些小册子

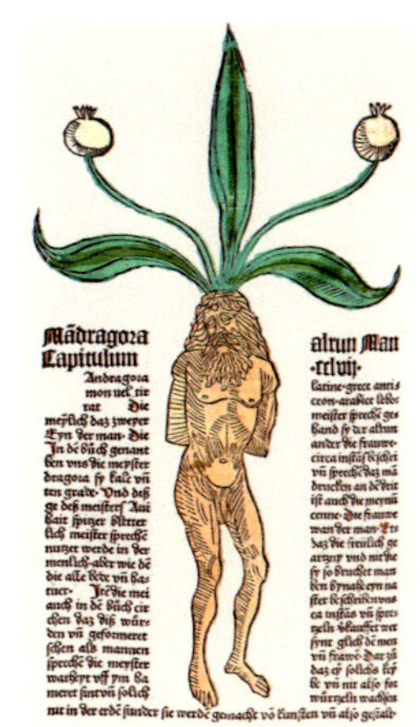

与手抄本相比，印刷书的任何一个部分都逐渐获得某种独立性。每一页都分段来排，留出一些空隙。被抄书人使用的旁注（见上图）安排在边白上，用手指图案表明一段文字的重要。

在式样上，最初的印刷书与作为摹本的手抄本非常相像，甚至连图像的安排都很像，但这并不排除它对版面和谐的刻意追求。左图是《草药》中关于曼陀罗草的一页，由舍费尔在1485年印刷。

手抄本的成功，为最初的印刷商带来了财富。他们中的很多人并不寻求重新为一个文本出一个新版，而满足于一模一样地复制手抄本，有时候甚至连抄写中的错误都不改。开本大小、字体安排、版面设计，一切都促使图书有一个新面貌。左图是《人类获拯救的镜鉴》的印刷版（巴塞尔，1476）。右图是《法兰西编年史》的手抄本，下图是同一本书的印刷版，由安托万·维拉尔在巴黎印刷，维拉尔本来是一个细密画画家，后来成为豪华版图书的出版商。

销售到城市之外。欧洲的各大书市（其起源可追溯到中世纪前期人们交换各色各样的货物）也欢迎书商和印刷商的加入。最著名的书市中有里昂、莱比锡，从1485年起则首推法兰克福。

尽管印刷术的发明是革命性的，但从图书的形式来看，它却并不标志着一种决裂。印刷书如同手抄书，书册都由纸张折叠成的帖册组成，装订起来成书，版面的安排也是同样的。使用的活字依据的是已存在的字体，如哥特体和人文主义体，前者特别受到宗教作品的青睐，而后者则普遍用于古典作品中。书从印刷所出来时并没有完成，它还要经过手工加工：装饰彩色大写字母、配上种种花饰、加上标点符号。这还不算读者的注释，因为当时读者还保留这样的习惯，即在印刷商留下的很宽的书页边上，写上他们自己的注释。

bien eurre est lõme qui nest poit alle
Eatus vir qui non abiit
ou cõseil des non iustes. + en la voye
i consilio impioꝝ ⁊ i via
des pecheurs ne sest poit arreste. et
pecco non stetit. ⁊ i cathedra
qui ne sest assiz en la chaiere de
pestilencie non sedit.
pestilence.

ΘΕΟΚΡΊΤΟΥ ΘΎΡΣΙΣ Ἦ ᾨΔΉ
ἘΙΔΎΛΛΙΟΝ ΠΡΩ͂ΤΟΝ.
ΘΎΡΣΙΣ Ἦ ᾨΔΉ.

Ἀδύ τι τὸ ψιθύρισμα καὶ ἁ πί
τυς αἰπόλε τήνα,
Ἃ ποτὶ ταῖς παγαῖσι μελίσ-
δεται· ἁδὺ δὲ καὶ τὺ
Συρίσδες· μετὰ πᾶνα τὸ δεύ
τερον ἆθλον ἀποισῆ.
Αἴκα τῆνος ἕλῃ κεραὸν τρά
γον· αἶγα τὺ λαψῆ·
Αἴκα δ᾽ αἶγα λάβῃ τῆνος γέρας· ἐς τὲ καταῤῥεῖ
Ἁ χίμαρος, χιμάρῳ δὲ καλὸν κρῆς ἔστε κ᾽ ἀμέλξῃς
ΑΙ. Ἅδιον ὦ ποιμὰν τὸ τεὸν μέλος ἢ τὸ καταχὲς
Τῆν᾽ ἀπὸ τᾶς πέτρας καταλείβεται ὑψόθεν ὕδωρ.
Αἴκα ταὶ μῶσαι τὰν οἰίδα δῶρον ἄγωνται.
Ἄρνα τὺ σακίταν λαψῆ γέρας· αἰ δὲ κ᾽ ἀρέσκῃ
Τήναις ἄρνα λαβεῖν· τὺ δὲ τὰν ὄιν ὕστερον ἀξεῖς.
Θ. Λῇς ποτὶ τᾶν νυμφᾶν λῇς αἰπόλε τῆδε καθίξας
Ὡς τὸ κάταντες τοῦτο γεώλοφον αἵ τε μυρῖκαι,
Συρίσδεν, τὰς δ᾽ αἶγας ἐγὼν ἐν τῷδε νομευσῶ;
ΑΙ. Οὐ θέμις ὦ ποιμὰν τὸ μεσαμβρινὸν, οὐ θέμις ἄμμιν
Συρίσδεν· τὸν πᾶνα δεδοίκαμες· ἦ γὰρ ἀπ᾽ ἄγρας
Τανίκα κεκμακὼς ἀμπαύεται· ἔντι δὲ πικρὸς
Καί οἱ ἀεὶ δριμεῖα χολὰ ποτὶ ῥινὶ κάθηται.
Ἀλλὰ τὺ γὰρ δὴ θύρσι τὰ δάφνιδος ἄλγε᾽ ἀείδες
Καὶ τᾶς βωκολικᾶς ἐπὶ τὸ πλέον ἵκεο μώσης.

Α.Α ii

跨入16世纪，依然拘泥于模仿手抄本的印刷书，开始受到风行全欧洲的革新与思辨精神的影响。它是创造发明的催化剂，也是政治当局和宗教界的提防对象。环境拓宽了它的作用，也加速了印刷传统形式的进化。

第三章

印刷走向胜利

16世纪，图书变得更美观，更被人们接受，占据了宗教和文化生活的中心。书一方面成了新思想的战斗工具，另一方面因其形式的优雅和豪华，成为人们收藏的对象，让人赏心悦目。左图是忒奥克里托斯的《田园诗》的一页，由阿尔多·马努佐出版，丢勒做花饰插图。右图是一个“可用来同时阅读好几本书的转轮”。

作为始于14世纪的意大利，以彼特拉克为先驱的文化运动，人文主义在15世纪就扎根于文化界。它是对古代经典的追溯，代表了对古代经典的一种新的接近方式，一种对完整和真实的文本的研究，从而避免种种可能的歪曲。

人文主义者从中世纪的传统中解放出来，在图书馆中挖掘、研究被人遗忘和忽视的文本。印刷商们自然不会对这样一种运动袖手旁观。他们纷纷加入进来，纠正中世纪时抄书人的版本错误。于是，印刷作坊成了印刷商和学者紧密合作的地方。

GVILLIELMI BVDAEI P
cretarij Regij libri V. de Asse, &
Parisienses impressiones ab eoden
gati, idq; authore IO. GR
Lugdunensi Christianissimi
gis Secretario, et Galliae
rum Quaestore, cui
ob nostrã in eum
seruantiã à no
bis illi di-
cantur.

M. D. XXI

书和人文主义：阿尔多·马努佐

阿尔多·马努佐是最著名的一个人文主义印刷商。他早先是名教授，是研究拉丁和希腊文化的专家，后来转向出版古典作品。他主要出版希腊作家的原作，自从1453年君士坦丁堡被攻陷，大量的希腊文人学者不得不流亡到意大利，在意大利形成了古希腊文化研究的高潮。

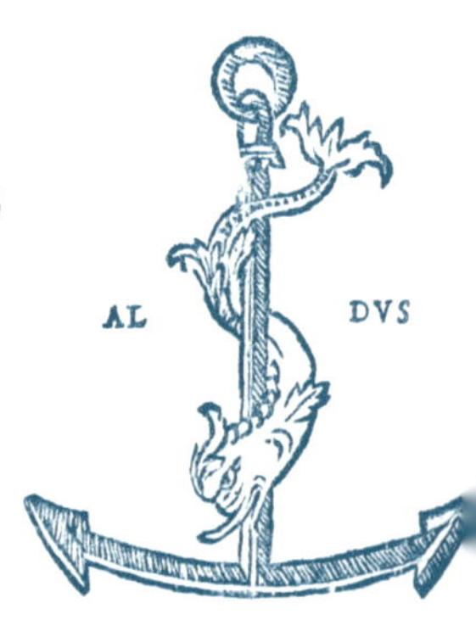

阿尔多·马努佐在威尼斯开办了印刷厂，从1494年到1515年，他出版了150部著作，他的身边也聚集了一批学者，人称“阿尔迪内学院”。在出版博学著作的同时，他还为学生们出版了一些袖珍

书，价格便宜。在这些小型书中，他第一次模仿人文主义者手稿中的草书，使用了斜体字。他在图书制造中对精神智力上的考虑多于对物质上的考虑，这就保证了这些著作的成功，并使它们成为后人模仿的对象。

通过与大学教授合作一段时间后，阿尔多·马努佐从1495年起分5卷出版了亚里士多德的作品（左页左上图）。法国收藏家让·格罗利耶十分钟爱他们的制作（下图，他正待在印刷商的作坊中），让人做装饰插图和装订。他是威尼斯印刷所的忠实支持者，资助出版纪尧姆·比代的《能人》（*De Asse*），该书于阿尔多·马努佐死后，由他的儿子保罗在1522年出版（左页右上图是它的书名页）。

从巴塞尔到巴黎

出版商、印刷商和研究者之间的这样一种联合，在欧洲的许多大都市中都可看到。在巴塞尔这个古老而又重要的大学城，印刷商约翰·阿默巴赫和约翰·弗

人文主义者的肖像画家小霍尔拜因与印刷商阿默巴赫以及弗罗本关系密切。他在1522年前后为弗罗本画的肖像（上图），跟伊拉斯谟的肖像一起称为肖像双璧。

罗本积极发展宗教人文主义。前者曾在纽伦堡的科贝格那里工作过，后来从事出版教会领袖作品的修订本，尤其是圣安布罗斯（1492）和圣奥古斯丁的著作（1502）。他还跟人文主义者约翰·罗伊希林合作。后者是第一个出版希伯来语语法书的基督教徒。

阿默巴赫的女婿巴伐利亚人约翰·弗罗本也享有极大声誉。伊拉斯谟在1521年到1529年间常常在巴塞尔逗留，其间就曾在他家里住过2年，在那里发表了《新约》和亚里士多德作品的评注本，配有拉丁语译

文作为对照。全靠弗罗本的印刷所，伊拉斯谟的思想在短短几年中就赢得了国际声誉。

在巴黎，起家于里昂的印刷商若斯·巴德，把一大批卓越的人文主义者聚集在一起，并发表了纪尧姆·比代的作品。但是，艾蒂安家族享有卓越的声望：首先是亨利出版了当时法国最伟大的人文主义者勒菲弗·德·爱塔普尔的作品；随后是西蒙·德·科利纳出版了许多科学著作；最后是罗贝尔——亨利的儿子，得到国王弗朗索瓦一世的保护，于1539年被任命为拉丁语和希伯来语御用印刷商。罗贝尔·艾蒂安不仅是教育学著作和古代作品精注本的博学出版商，还编撰过许多词典，此外还出版过大小不等的好几个《圣经》的版本。

这位里昂的人文主义者还活跃在印刷商塞巴斯蒂安·格里夫的小圈子中，和许多文人（如拉伯雷或马罗等）结为知己。

文艺复兴时期，欧洲各国的人文主义者之间联系密切。印刷商和出版商既是思想家，又是行动者，是精神文化生活的核心。宗教改革时期，巴塞尔和巴黎的某些印刷商彼此交换文本和器材。约翰·弗罗本（左图是他的店招）从1490年起住在巴塞尔，发表路德的作品，后来完全接受了伊拉斯谟的思想。以阿尔多·马努佐和约翰·弗罗本为榜样，某些巴黎的书商，如罗贝尔·艾蒂安和西蒙·德·科利纳（上图分别是他们的商标），既是博学的学者，又是经验丰富的印刷商，他们的探索对图书的历史产生深远的影响，无论是在图书的结构上，还是在外观形式上，或者是在印刷技术上，他们都是创造历史的人。

书和宗教改革

S.Johannis. CCCCII.

N.

ten das dritte teil der Menschen. VND die zal des reisigen Zeuges war viel tau
ſent mal tauſent / vnd ich höret jre zal . Vnd alſo ſahe ich die Roſs im geſichte /
vnd die drauff ſaſſen / das ſie hatten fewrige vnd gele vnd ſchwefeliche Pantz-
er / vnd die Heubte der Roſſe / wie die heubt der Lewen / vnd aus jrem Munde
gieng fewr vnd rauch vnd ſchwefel. VON dieſen dreien ward ertödtet das drit
te teil der Menſchen / von dem fewr / vnd rauch / vnd ſchwefel / der aus jrem mun
de gieng / Denn jre macht war in jrem munde . Vnd jre Schwentze waren den
Schlangen gleich / vnd hatten Heubter / vnd mit den ſelbigen theten ſie ſchaden
VND blieben noch Leute / die nicht getödtet wurden von dieſen Plagen /
noch Buſſe thatten fur die werck jrer Hende / das ſie nicht anbeten die Teufel /

O.

vnd gul

人们常说，宗教改革是印刷业的产物。这一说法有相当的道理，尽管在当时，能读书的人为数不多。毫无疑问，印刷业的发展，极大地推动了路德和其他一些宗教改革派思想的迅速传播。

1517 年，路德在维腾贝格贴出了他的 95 条论纲，抨击赎罪券，这标志着他与教廷分裂的开始。印刷为他提供了思想的戏剧性传播。宗教改革家的所有作品都用德语写成，以便让最广大的读者群体读懂，发行量在当时创造了纪录。

例如，路德发表于 1520 年的小册子《告日耳曼民族诸贵族》，就印行了 4000 册，几天工夫就销售一空。在接下来的几年中，宗教的和社会的斗争席卷了整个德国，尤其是农民战争，为文字作品提供了一次史无前例的传播机会，容易兜售的小册子、政论文、短作品特别能宣传新的思想。至于路德翻译的《圣经》，在 1522 年到 1546 年间一共出了 430 个版本。

图书刺激并引起了某些人的不安，因为它能大量地、迅速地传播新思想，例如宗教改革的思想（上图是由路德出版的《约翰启示录》中的一页，由卢卡斯·克拉纳赫配插图）。有两种基本方法扼杀带有潜在颠覆性的印刷业：镇压（右页上图是焚烧图书）或者预防，颁发王室的特许专权证对印刷业进行限制（右页下图）。

受控制的职业

在笼罩全欧洲的宗教偏执氛围中，图书遭到怀疑和敌视。与图书有关的所有职业都成了受监视的对象，有时甚至成了镇压对象，而监视和镇压依据的是当时实施的法令、法律对图书工业实行的监护制。

在法国，第一次图书检查浪潮始于 1521 年，国王弗朗索瓦一世命令巴黎最高法院严密监视印刷所和书店。1534 年发生的揭帖事件——一些反对教皇弥撒的帖子贴到了街头、教堂门口，更有甚者贴到了国王正在小住的昂布瓦斯，从而导致了镇压强度的加剧。

在整个欧洲，对印刷业实施的高压政策多种多样：禁止出版、销

ORDONNANCE
DES PRIVILE-
GES DONNEZ PAR LE ROY
Loys douzieſme, le neufieſme iour D'a-
uril, L'an mil cinq cens & treze, aux
Libraires, Relieurs, Enlumi-
neurs, Parcheminiers
& Papetiers
Iurez.

AVEC,

La confirmation des Roys, Françoys. I.
Henry II. & Charles IX.

售或进口某些书或某类作品，禁止阅读俗语版的书，焚烧图书，迫害作者、印刷商和书商，他们常常被捕入狱，有的甚至被判处死刑，如艾蒂安·多雷，于1546年被烧死在巴黎的莫贝尔广场。学着法国新教徒的样子，许多受迫害者选择了流亡，例如罗贝尔·艾蒂安，于1550年到日内瓦避难。但是，旨在阻止宗教改革思想传播的各种镇压手段，直到后来才取得效果。

西班牙是新教书籍流通唯一受阻的国家。

《禁书书目》的执行，是教会对进步的宗教改革所做的反应之一。从1485年起，美因茨的大主教提醒人们注意图书带来的威胁，并颁布命令，制定印刷业规章。教廷也在1515年步其后尘，确切地说，就是实行反宗教改革的政策，颁发了一系列带有深刻持久的基督教标志的禁令，第一批《禁书书目》由保罗四世公布。左图是一份作者名单，按照姓氏字母顺序排列，禁止基督教徒阅读他们的作品，违者判处死刑（1558）。庇护五世后来在1564年公布了一份更详细的名单，并建立起一个禁书会，具体执行这一禁书政策。

no in pericolo di morte.

Modus ſolemnis, et autẽticus ad inquirendũ, etc.

反宗教改革

天主教会对这一异常扩展的反应也依赖于印刷业。特伦托普世会议（1545—1563）标志着反宗教改革的开始，它重申了天主教教义，决定了反异端的斗争方法。它宣称，拉丁语本《圣经》（即由圣哲罗姆在4世纪修订的版本）才是唯一真正的版本。它还竭力修改了祭祀礼拜仪式，而这对书商来说意味着一大笔好生意。最后，会议还鼓励通过研究（教育的发展、宗教学术的建设）和祈祷来反对异端。于是，宗教书籍在17世纪得到了广泛传播。

教皇颁布了《禁书书目》，列在这份书单中的基本上是未被教会认可

Auctores quorum libri, & ſcripta omnia prohibentur.

Icolaus Amſdorfius.
Nicolaus Balingius.
Nicolaus Borbonius Vãdoperanus
Nicolaus Bryling.
Nicolaus Cabaſila.
Nicolaus de Calabria.
Nicolaus Clemangis.
Nicolaus Galecus.
Nicolaus Gallaſius.
Nicolaus Gallus.
Nicolaus Gerbellius.
Nicolaus Herforde Anglus.
Nicolaus Krompach.
Nicolaus Macchiauellus.
Nicolaus de Pelbrzimouu.
Nicolaus Quodus.
Nicolaus Ridlæus.
Nicolaus Sceubelius.
Nicolaus Selueccerus.

的《圣经》版本，还有宣扬无神论的作品或被认为有悖伦理道德的作品。《禁书书目》得到了严格执行，直到 1960 年代才由梵蒂冈第二次普世会议宣告撤销。

很多威尼斯绅士的肖像都表现为手执书本，就像焦尔焦内绘制的这幅画那样。

欧洲的图书市场

16 世纪欧洲图书产量的统计数字很不精确：法国有 7.5 万种，德国有 10 万多种，意大利在 5 万到 10 万种之间。威尼斯、巴黎和里昂是三大中心。在德国和荷兰，产量虽然很高，却很分散（安特卫普、科隆、纽伦堡、斯特拉斯堡，等等）。西班牙的产量有所跌落。书能流传，但它“走”得很慢。这是一种沉重而又脆弱的商品。绝大多数时间里，它们是“素衣”旅行的，也就是说，没有经过装订，这一方面是为减轻重量，另一方面也便于按顾客的个人意愿来装订。书册按纸张的样子装在箱子里，经陆路或水路运输，这样仍不免有所损失。大书商往往同时也是批发商。

一年一度的书市是书商们相聚和文本流传的机会。在法兰克福，印刷商、书商和出版商相聚在“图书街”。从 1564 年起，那里还能找到定期出版的图书目录。这些目录是当时图书生产业的珍贵见证。从 17 世纪初起，这一集市又有了一个竞争对手——莱比锡书市。

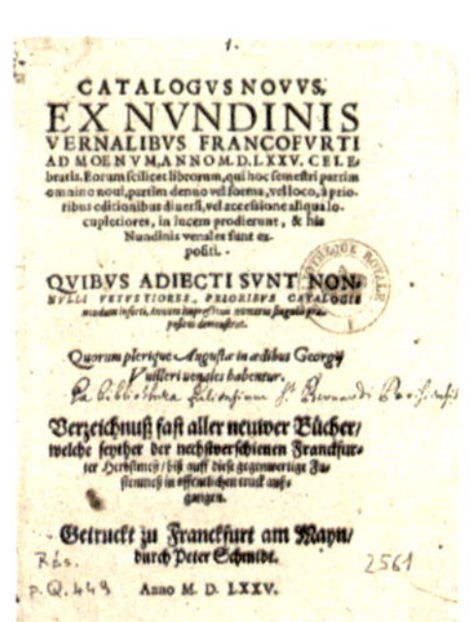
CATALOGVS NOVVS,
EX NVNDINIS
VERNALIBVS FRANCOFVRTI
AD MOENVM, ANNO M. D. LXXV. CELEbratis.
QVIBVS ADIECTI SVNT NONNVLLI VETVSTIORES, PRIORIBVS CATALOGIS
Quorum plerique Augustæ in ædibus Georgij Vuilleri venales habentur.
Verzeichnuß fast aller newer Bücher/
Getruckt zu Franckfurt am Mayn/
durch Peter Schmidt.
Anno M. D. LXXV.

书商们有成堆的书要卖出去。为了毫无损失地把书寄发出去，他们把书堆在圆桶里（见下图）。他们很早就养成习惯，让书单、手抄本和印刷书广为流通，使人们了解产品。16 世纪时，法兰克福书市就已聚集了全欧洲的大书商，成为图书贸易的庆典。人们定期地出版一册书市的图书目录（上图是 1575 年的目录）。

第一个工业出版商：
克里斯托夫·普朗坦

拥有当时最大印刷厂的克里斯托夫·普朗坦，一直为图书业寻找新的市场。他出生在图赖讷地区，后居住在繁华的国际都市安特卫普，从 1555 年起出版图书。他为朝廷效劳，被国王腓力二世任命为总印刷师，同时还获得了为西班牙王国及其殖民地出版礼拜用书的垄断权。

在其商业生涯高峰期，他拥有 24 架印刷机、克里斯托夫·普朗坦（右图是鲁本斯为他画的肖像）选择了港口城市安特卫普，在这一充满活力的国际化都市里当图书装订匠，后来又从事出版业。最初，他出版了一些礼拜用书以及经典著作。后来，他为西班牙国王效力，完成了著名的多语对照本《圣经》。战乱时期，他于1576年到1585年被迫离开该市。后又利用天主教的反宗教改革政策返回安特卫普，因为当时的安特卫普实际上成了天主教的一个堡垒，直接对抗信奉新教的外省联合体。

100多个工人。他的商业网遍布欧洲各地。他最著名的出版物是多语对照本《圣经》，分8卷，共5种语言：拉丁语、希腊语、希伯来语、阿拉米语和古叙利亚语，这是一部真正的出版杰作，印刷持续了2年。在34年中，普朗坦出版了1500多种书，是第一位工业印刷商。他的女婿莫尔杜斯继承了他的事业，家业的辉煌一直持续到19世纪，他的印刷厂现已辟为博物馆。

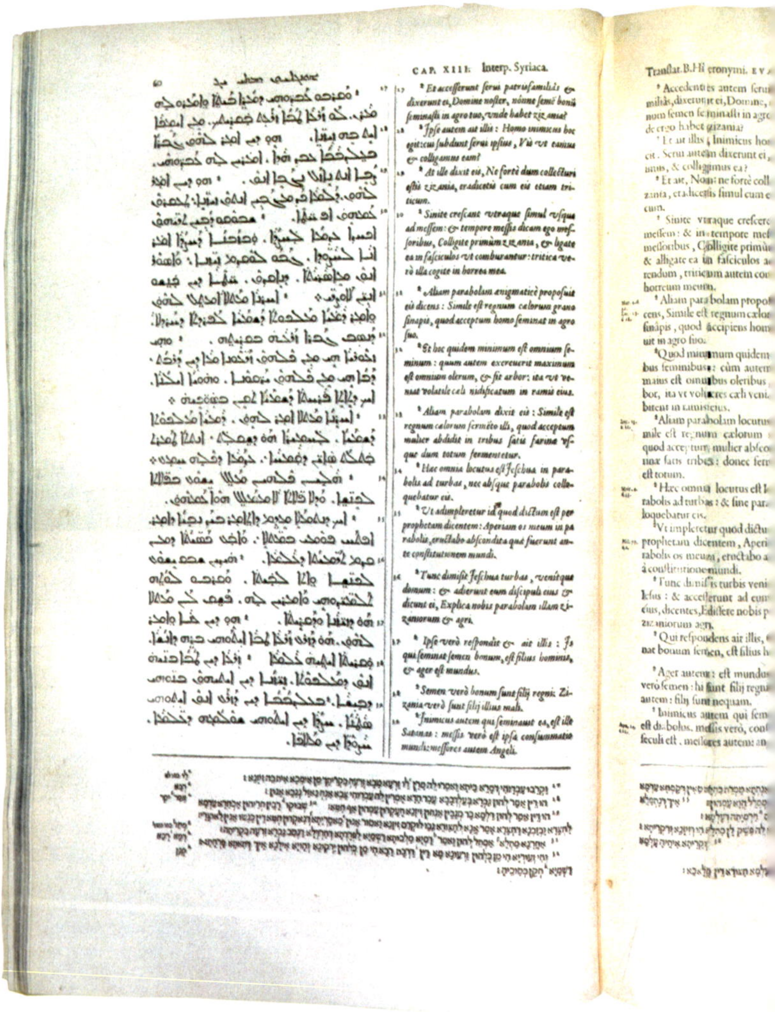

CAP. XIII. Interp. Syriaca.

27 Et accesserunt serui patrisfamiliâs & dixerunt ei, Domine noster, nónne semē bonū seminasti in agro tuo, vnde habet zizania?

28 Ipse autem ait illis: Homo inimicus hoc egit: cui subdunt serui ipsius, Vis vt eamus & colligamus eam?

29 At ille dixit eis, Ne fortè dum collecturi estis zizania, eradicetis cum eis etiam triticum.

30 Sinite crescant vtraque simul vsque ad messem: & tempore messis dicam ego messoribus, Colligite primùm zizania, & ligate ea in fasciculos vt comburantur: tritica verò illa cogite in horrea mea.

31 Aliam parabolam ænigmaticè proposuit eis dicens: Simile est regnum cælorum grano sinapis, quod acceptum homo seminat in agro suo.

32 Et hoc quidem minimum est omnium seminum: quum autem excreuerit maximum est omnium olerum, & fit arbor: ita vt veniat volatile cæli nidificatum in ramis eius.

33 Aliam parabolam dixit eis: Simile est regnum cælorum fermēto illi, quod acceptum mulier abdidit in tribus satis farinæ vsque dum totum fermentetur.

34 Hæc omnia locutus est Ieschua in parabolis ad turbas, nec absque parabolis colloquebatur eis.

35 Vt adimpleretur id quod dictum est per prophetam dicentem: Aperiam os meum in parabolis, eructabo abscondita quæ fuerunt ante constitutionem mundi.

36 Tunc dimisit Ieschua turbas, venítque domum: & adierunt eum discipuli eius & dicunt ei, Explica nobis parabolam illam zizaniorum & agri.

37 Ipse verò respondit & ait illis: Is qui seminat semen bonum, est filius hominis,
& ager est mundus.

38 Semen verò bonum sunt filij regni: Zizania verò sunt filij illius mali.

39 Inimicus autem qui seminauit ea, est ille Satanas: messis verò est ipsa consummatio mundi: messores autem Angeli.

出版一部多语对照本《圣经》不仅是一次印刷奇迹，还满足了人文主义者对文本对照的迫切需要，同时还促进了文艺复兴中各种东方语言的研究。普朗坦这部《圣经》（左图和上图）的印刷，从1568年一直持续到1572年。在这项耗资巨大的工程中，普朗坦得到了西班牙国王腓力二世的秘书加夫列尔·德·萨亚斯的支持，还有人文主义者阿里亚斯·蒙塔努斯的积极参与。另外一些类似的出版物也随之诞生：10卷本的巴黎版多语对照本《圣经》于1645年由安托万·维特雷出版；伦敦版多语对照本《圣经》于1657年完成，更引人注目的是，该版本包括了9种语言（希伯来语、撒马利亚语、希腊语、迦勒底语、古叙利亚语、阿拉伯语、埃塞俄比亚语、波斯语和拉丁语），还有大量的年表、图表、地图、注释和异文。

图书行业

在生产不断增长和体制不断完善的大环境中，图书行业形成了规模。它们的结构跟其他行业虽无太大差别，但是业主、伙计、学徒却组成了一个特殊的行当，因为他们接触到了一些新的、十分解放的思想。

学徒一般从小招募来，要在业主家中待上 2 到 5 年，管吃管住管穿，但没有工资，干的是最单调、最苦的活儿。一旦成为伙计后，他们就会在实践中学得技术，而且常常到国外，到别的业主那里去进修，并且要在每个作坊中都待上一段时间。

回到原先的城市后，他就寻找工作，当监工（即工头），或者当排字工、印刷工。自己办厂是一件久远而又困难的事，因为印刷机和排字设备很贵，成为业主并不一定意味着发财，只有少数人例外。

勇敢自豪地干这一行

对于一个在里昂、安特卫普或日内瓦从事印刷行业的伙计来说，一天的工作从早上五六点钟开始，到晚上七八点钟结束，中间只有 1 个小时的午餐时间。

印刷工的日产定量为 3000 个印张，相当于每 20 秒钟 1 个印张。此外，在这个依赖订货的行业中，又很难保证长时间里都有活干。工作条件艰辛，工资又

在文艺复兴时期的印刷作坊中，排字工、印刷工和校对工都按照同样的节奏在一起工作。在印刷之前，至少要有一份校样交给校对员，由他纠错。有时候，是印刷商本人来履行这一职责，或者由一个经过专门考核的专家来做，因为作者很少光顾印刷所。印刷和晾干后，就按编号把印张摞到一起。这时，配页工就可以配成一本本的书了，经过验证认定无误后，书就寄送给书商。

印刷作坊是一个团结的地方，也是一个对抗的地方。印刷伙计们是无忧无虑的快乐汉，喜欢聚在一起喝酒吃饭。但是在图书行业的冲突中，他们却表现得很坚决，有时候甚至很粗暴。1539 年巴黎和里昂制定了镇压罢工的措施，禁止伙计结社、5 人以上集会，禁止携带诸如剑、匕首和暗器之类的武器，禁止殴打学徒，禁止在书还未印完时停工。

相对微薄，伙计和学徒之间充满矛盾（因为学徒是免费劳动力，被看作是不光彩的竞争），这一切使得行业中的冲突成了家常便饭。从 16 世纪起，在里昂、巴黎、安特卫普或法兰克福，印刷工人常常举行罢工，历史上十分著名。

不过，他们对自己从事的并不仅仅是手工劳动这一点，还是很自豪的。书页的排版、校样的改正，常常由业主来决定，要求谙熟书面语言，而且还要求会一点儿拉丁语和希腊语。在许多小作坊中，工作的分配并无严格界限，伙计可以干所有的活，同样，业主的妻子和子女也参加工作。

图书匠常常自己动手装订买来的书。中世纪时流行的书面板被硬纸板或羊皮纸代替。书脊和封皮都要覆盖皮子，在豪华本的装订中，这皮子就成了显示手艺的对象。

出版一本书

如果说，最初的印刷书常常只是古代作品的重版，那么，在文艺复兴时期，新书的数量却不断增长。从16世纪初开始，对思想的控制和竞争的扩大，逐渐地导致了特许专权概念的产生，在出版业中格外明显。这一方面指从当局那里得到印刷的批准，另一方面指对一部作品的出版和发行拥有一段时间的垄断。它可以由现金购得，授予作者、书商或者印刷商。通常作者得到的版税很难保证他们以写作为生，因此，他们中很多人还有其他收入来源(如

在行政部门、教会或学校中供职），许多作品是靠资助人的支持出版的。

发行量依预期的销售量来定，只有大书商能够印刷上千册书，而且这只是指资金已有保证的作品，例如日课经。至于别的书，印数都不大，学术书或专业书一般印 500 到 1000 册，面向众多读者的书则可印到 1000 到 2000 册。

上图是巴桑庭的《天文学讲话》(1557)一书中亨利二世和卡特琳娜·德·美第奇交织在一起的姓名首写字母。下图是罗贝尔·艾蒂安的《新约》，1550 年特地为亨利二世在枫丹白露的图书馆装订。

书的复兴和新结构

直到 1520 年至 1525 年间，书的面貌还跟最初印刷的那一批摇篮书差不多。而从那以后起，它就开始摆脱了中世纪的面貌，拥有了新的形式。书页的结构有了内部空间。文本的层次形成了，不同的字体常常混在一起使用。标点的出现，使阅读变得更容易，表示音调的新符号如重音符、软音符、分音符、省文撇等也产生了。

以中世纪的抄书人为榜样，印刷商在作品末尾的结语中集中了有关该书本身的大量信息（作者姓名、翻译者姓名、印刷者的情况、印刷日期与地点）。随着产量的增加，为了方便书名的确认，书名也渐渐地移到了作品的头上，以系统而有序的方式表现出来。于是，版权页诞生了，书商出于出版的需要，在版权页上还加上了自己的地址，尤其是他的商标。开始时，版权页没什么装饰，直到文艺复兴时期才有，而且往往是木刻，并受到同时期建筑的影响。

LA
PARFAI
CTE AMYE.
Nouuellement composée par Antoine Heroet, dict la Maison neufue.
Auec plusieurs aultres compositions dudict Autheur.
AD AMYSSIM DOLO,
SCABRA, ET IMPOLITA
ATQUE PERPOLITA
A' LYON,
Chés Estienne Dolet.
1542.
Auec priuileige pour dix ans.

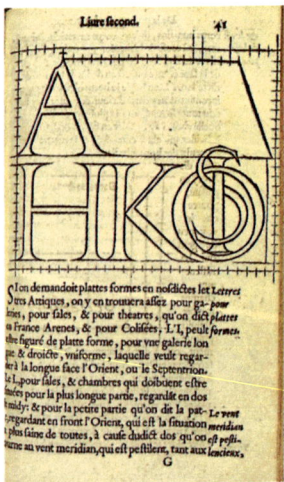

书有了新的结构，版权页和卷首插页同全书融为一体。每一页的书眉上重复书名，以便于阅读。印张编码（印张的数字标号）中的罗马字，也在16世纪后期被每一页上的阿拉伯数字编号代替，这样有利于编制目录。

活版印刷的革新

最初的书用很多花样的字母来印刷，这些字母十分忠于手稿上的字体。而现在，在排版中为了节省时间，印刷商减少了字母的数量和花样。在德国，他们忠实于规规矩矩的哥特体字母，竖条很粗。在别的地方，他们采用所谓的罗马体字母，线条比较圆润和均匀，这是人文主义者喜爱的字体，以前一直用来排印诗歌。

人文主义印刷商关心印刷术的改善，尝试种种探索使字体变得更为和谐，例如，若弗鲁瓦·托里就在《野花》中提出了自己的想法。从1544年起，罗贝尔·艾蒂安的合作者克洛德·加拉蒙创造了一系列罗马字体，对后来的刻字匠产生

艾蒂安·多雷，这位后来被判处火刑的卓越学者和大胆印刷商，选择了一把砍刀作为他的商标（左上图，砍刀读dolée，跟他的姓名相同）。

左图是若弗鲁瓦·托里的著名作品的隐晦书名《野花：所谓罗马字母中的阿提克字母应有的真正比例中的艺术和科学》（1529）。托里深受意大利影响，关心图书的形式、标点、语言，尤其是印刷体字母，他本人设计并描画字母。

tagruel,

DES DI

ES, RESTITVE

urel: auec ſes faictz, &

ſes eſpouuentables :

很大的影响。新风格的兴盛，为同一部作品带来了版式上的多样性，使读者得以从视觉上区别它内部的各个不同部分。

图版书时代的来临

书的装帧范围更广，靠着木刻技术，美术字母、条饰、尾花、小花饰成了家常便饭。

行文中的插图也变得越来越频繁。人文主义印刷商与许多大艺术家合作，例如弗罗本请到了汉斯·霍尔拜因和乌尔斯·格拉夫。

Claude Garamont.

制作不同图案和大小的字母是一种专门技术，由经验丰富的刻字匠来完成。威尼斯人文主义出版商的影响遍及全欧洲，使得罗马字体迅速普及。下图是文艺复兴时期最伟大的活版印刷家克洛德·加拉蒙，他为罗贝尔·艾蒂安刻制了一套罗马字体，并为后人所接受，他还发明了一些希腊字体（左图是拉伯雷《巨人传》的书名页，排成了加拉蒙体）。罗贝尔·格朗容继承了他的事业，在法国推广印刷术。他也发明了一种新字体，叫西维里特体，由哥特体演变而来，与草体十分接近。

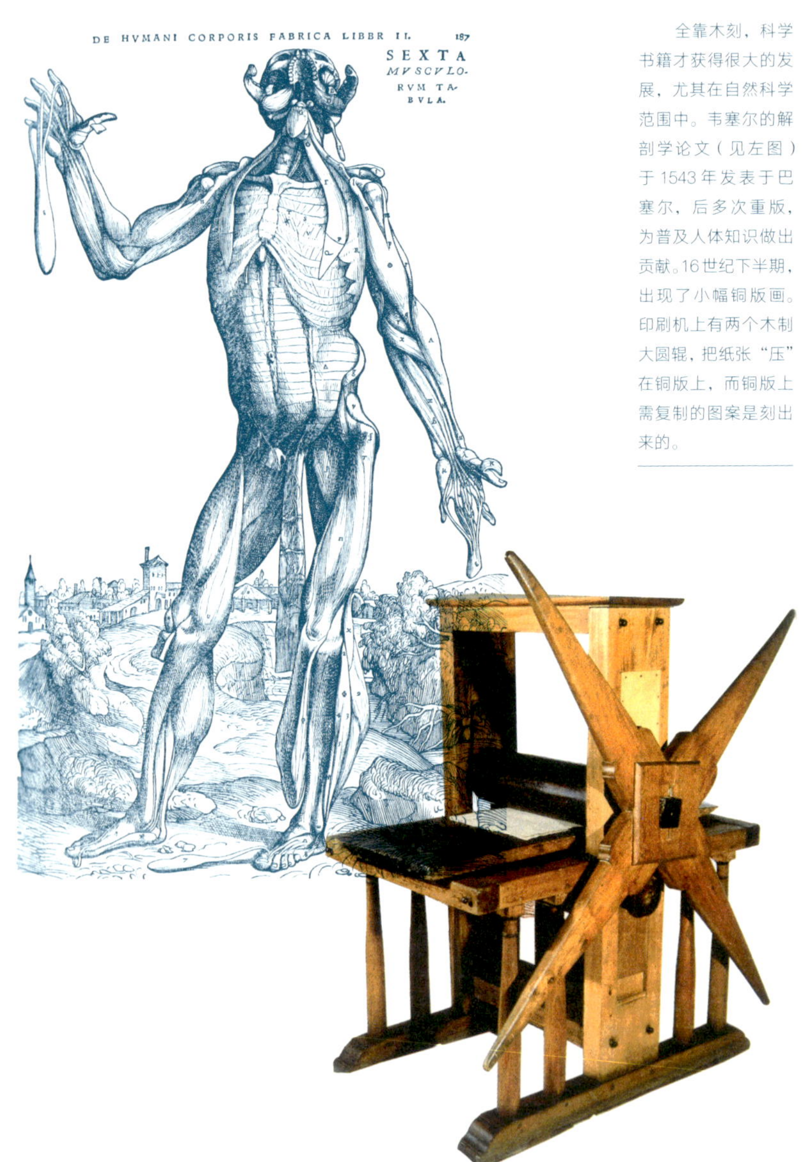

DE HVMANI CORPORIS FABRICA LIBBR II. 187
SEXTA
MVSCVLO-
RVM TA-
BVLA.

全靠木刻，科学书籍才获得很大的发展，尤其在自然科学范围中。韦塞尔的解剖学论文（见左图）于1543年发表于巴塞尔，后多次重版，为普及人体知识做出贡献。16世纪下半期，出现了小幅铜版画。印刷机上有两个木制大圆辊，把纸张“压”在铜版上，而铜版上需复制的图案是刻出来的。

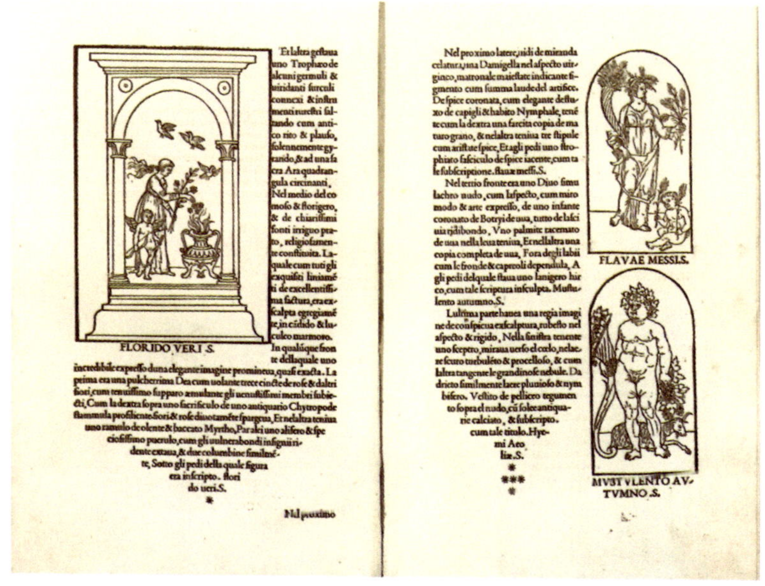

Et laltra gestaua uno Trophaeo de alcuni germuli & uiridanti surculi connexi & instrumenti rurestri saltando cum antico rito & plauso, solennemente gyrando, & ad una sacra Ara quadrangula circinanti. Nel medio del comoso & florigero, & de chiarissimi fonti irriguo prato, religiosamente constituita. Laquale cum tuti gli exquisiti liniamenti de excellentissima factura, era exscalpta egregiamente, in cádido & luculeo marmoro. In qualúque fronte dellaquale uno incredibile expresso duna elegante imagine prominea, quasi exacta. La prima era una pulcherrima Dea cum uolante trece cincte de rose & daltri fiori, cum tenuissimo supparo aemulante gli uenustissimi membri subiecti, Cum la dextra sopra uno sacrificulo de uno antiquario Chytropode flammula profiliente fiori & rose diuotaméte spargeua, Et nelaltra teniua uno ramulo de olente & baccato Myrtho, Par alei uno alifero & speciosissimo puerulo, cum gli uulnerabondi insignii ridente extaua, & due columbine similméte, Sotto gli pedi della quale figura era inscripto. floridoueri.S.

*

Nel proximo

Nel proximo latere, uidi de miranda celatura, una Damigella nel aspecto uirginco, matronale maiestate indicante figmento cum summa laude del artifice. De spice coronata, cum elegante defluxo de capigli & habito Nymphale, tenéte cum la dextra una farcita copia de maturo grano, & nelaltra teniua tre stipule cum aristate spice, Et agli pedi uno strophiato fasciculo de spice iacente, cum tale subscriptione. flauae messi.S.

Nel tertio fronte era uno Diuo simulachro nudo, cum laspecto, cum miro modo & arte expresso, de uno infante coronato de Botryi de uua, tutto de lasciuia ridibondo, Vno palmite racemato de uua nella leua teniua, Et nellaltra una copia completa de uua, Fora degli labii cum le fronde & capreoli dependula, A gli pedi delquale staua uno lanigero hirco, cum tale scriptura insculpta. Mustulento autumno.S.

Lultima parte hauea una regia imagine de conspicua exscalptura, rubesto nel aspecto & rigido, Nella sinistra tenente uno sceptro, miraua uerso el coelo, nelaere scuro turbulénto & procelloso, & cum laltra tangente le grandinose nebule. Da dricto similmente laere pluuioso & nymbifero. Vestito de pelliceo tegumento sopra el nudo, cú solee antiquarie calciato, & subscripto. cum tale titulo. Hyemi Aeoliae.S.

*

***

*

1499 年，阿尔多·马努佐出版了图书史上最著名的作品之一《波利菲洛的梦》。科学技术书籍，如植物学、建筑学、地理学、医学的书也同样获得进展。

在图像革新的这一氛围中，产生了一种新的图书体裁——图版书。它由勒内·阿尔西亚在 1531 年发明，建立在文本与形象之间的紧密结合上，因为要理解一个画谜，文字与图像两者都是必不可少的。木刻作品很少有作者署名，它使大众文学变得越来越有趣。至于其他类型的作品，到世纪末已有了小幅铜版画的插图。铜版画技术十分简单，一块铜片用刻刀刻出凹凸，涂上墨，印刷时使用一种不同于印文字的印刷机。这一技术帮助人们得到一种比木刻更细腻、更精致的图像。

文艺复兴时期插图书的杰作《波利菲洛的梦》（1499）是献给弗朗切斯科·科隆纳的。它以一种精到的语言、神秘的文字，叙述了波利菲洛的梦以及他对波利亚的爱情，背景是古代的一片废墟。出版者阿尔多·马努佐使用了格里弗为他刻制的漂亮字体。为这本书创作了木刻画的作者不为人知。作品在 1545 年以后重版时，才获得成功，尤其是在意大利和法国，然后是在英国。

MR. WILLIAM
SHAKESPEARES
COMEDIES,
HISTORIES, &
TRAGEDIES.

Publiſhed according to the True Originall Copies.

LONDON

Printed by Iſaac Iaggard, and Ed. Blount. 1623.

宗教改革和反宗教改革的冲突爆发后，出版界似乎经历了一场危机。宗教著作饱和后，市场日渐萎缩，内部平衡被打破。在许多国家盛行的政治极权主义，使图书业陷入一种吹毛求疵的检查制度中，扼杀了任何革新的愿望。

第四章
被控制的出版业

在17世纪的欧洲图书史中，至少在图书的形式变化中，是一个关键阶段。在重大文学体裁确立的同时，图书也确立了现代的式样，成为一件日常用品。它所需要做的，就是赢得更广泛的社会阶层。左页是莎士比亚作品集对开本第一版（1623）的书名页。右图是梅朗根据普桑为贺拉斯作品集某一版本而做的卷首页。

印刷业继续征服世界，1550年前后移植到了俄罗斯，16世纪末到了中国和日本，又于1638年到了美洲（斯蒂芬和马修·戴的作坊在坎布里奇开设）。与此同时，它的争议性或者它推广舆论的能力，在欧洲终于得到证实，始终吸引着人们对图书业的关注。

“五月花号”航船到达新大陆19年后，北美的第一家印刷厂在坎布里奇（马萨诸塞）由戴家族创办。左图是它最早印刷的一本书——《诗篇全书》(1640)。

“好的”印刷商和“坏的”书

黎塞留于1639年在卢浮宫创办王室印书馆（国家印刷局的前身）时，就梦想赋予其某些垄断权。这一新机构受国家控制，由获认可的印刷商塞巴斯蒂安·克拉穆瓦西负责，它至少能保证，在与一些大艺术家的合作下印刷经典作品。路易十三的这位大臣同时还建立了“王室印刷官”体系，给可信的人授予这一称号。随着路易十四的登基，在法国获得胜利的政治极权主义也影响到图书领域，力图把历来被认为很难控制的这一行业纳入轨道。和其他欧洲国家一样，无论是天主教国家还是新教国家，法国当局采取断然措施，严厉打击那些“坏”书，即那些对宗教、道德或政权提出质疑的书。

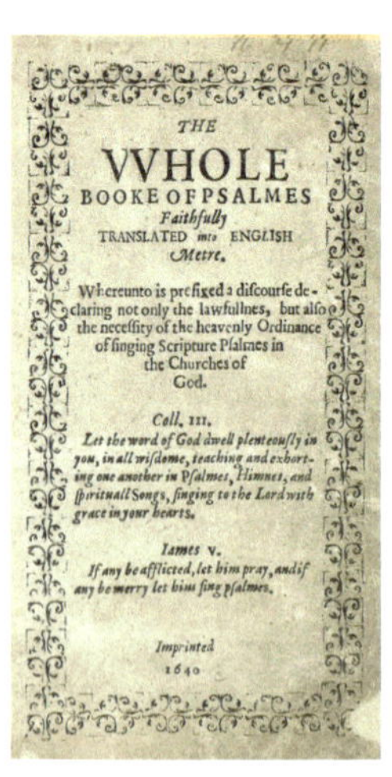

THE
VVHOLE
BOOKE OF PSALMES
Faithfully
TRANSLATED into ENGLISH
Metre.
Whereunto is prefixed a diſcourſe declaring not only the lawfullnes, but alſo the neceſſity of the heavenly Ordinance of ſinging Scripture Pſalmes in the Churches of God.

Coll. III.
Let the word of God dwell plenteouſly in you, in all wiſdome, teaching and exhorting one another in Pſalmes, Himnes, and ſpirituall Songs, ſinging to the Lord with grace in your hearts.

Iames V.
If any be afflicted, let him pray, and if any be merry let him ſing pſalmes.

Imprinted
1640

从特许专权到“版权条例”

科尔贝是整顿图书业的铁腕人物。

从1667年起，巴黎书商和印刷商的人数受到当局的

在路易十四未成年时发生的投石党反叛运动，表明了人们对马扎然政策的不满。一些言辞激烈的小册子（下图）以马扎然为嘲笑对象。动乱平息后，曾在马扎然手下效劳过的科尔贝（左图）密切关心起图书的命运来：对图书业实行检查制度，对某些重大出版计划给予资助，扩大王室图书馆的规模，创办《博学者报》……他本人是收藏家，拥有一个藏书馆，其中的图书装帧豪华，用红色的摩洛哥羊皮装订封面，印有他的镀金纹章。

限制，毕竟他们的数量确实也增加得太快了。印刷器材的买卖受到控制，装书的包裹要被查验，印刷作坊要定期接受检查。如有违反，就要被关进巴士底狱。

这种只放过“好的”书商的政策，也给巴黎人带来了特别的好处，即颁发给他们一些不可或缺的特许专权，因为巴黎人比较好控制。而外省人就倒霉了，他们被剥夺了出新书的权利，他们只有抗议，或者干脆欺诈和违例，或者仿印盗版，或者印刷禁书。

1701 年，政府又设立了书业管理局，图书检查制度变得越来越严厉，而且还利用外国的竞争，尤其是荷兰，来压制法国印刷业。

英国的同类政策也受此启发，斯图亚特王朝实行的是一种预先检查制度（Licensing Bill），直到1709年《版权条例》出台后，它才宣告作废。《版权条例》是保护作者权利的首次尝试。

从17世纪初起，意大利印刷业一直故步自封，不再有任何出口，其地位在几年中被里昂和日内瓦的同行赶超。渐渐地，新教国家主宰了欧洲图书贸易。

独自默声的阅读成为习惯（左图是1670年一幅图画的细部），小开本的书更有利于这样的阅读，荷兰印刷商埃尔泽菲家族在推广小开本图书方面起了很大的作用。

荷兰出版业的辉煌

那时，荷兰是商贸自由的国家。印刷业最成功的例子是埃尔泽菲家族，作为图书业的一个王朝，他们从17世纪初起就在莱顿这个大学城营业。他们在欧洲市场上尝试，以不高的价格推销其高质量的小开本（12开）图书。薄利多销的方法在当时尚不多见，不过，在一个纸张昂贵的时期，一开始就被采用了。埃尔泽菲家族出版古老的经典作品，以大学学者为读者。1626年开始发行“共和国”系列图书，这是今天导游书的前身。三十年战争期间，家族经营遭遇困难，鉴于从欧洲各国的关系网中得到的便利，系统地盗印法国和英国作家的名作，例如1638年的《熙德》。

荷兰同时还是新教徒的保护地，1685年

《南特敕令》被撤销后，大量的新教徒离开法兰西王国前往荷兰避难。20 多万人离开法国，导致周边邻国和地区如荷兰、英国、日内瓦和柏林建立了许多法语出版机构。

说到荷兰图书业其他方面的成功，就必须提到大幅地图册，尤其是阿姆斯特丹的地理学家兼出版商布劳出版的地图，它们继承了上一个世纪由普朗坦出版的奥特柳斯和梅尔卡托地图的弗拉芒风格。

在书的封皮印上拥有者的纹章是当时的流行做法。左图就是当时由埃尔泽菲家族在 1676 年前后印刷的 12 开本的一种装订。上图是 1634 年的一本图书目录，它使这家位于莱顿却蜚声国际的出版社能够接受来自全欧洲的订货。小开本图书还有利于私人祈祷书和小说的推行。像埃尔泽菲这样的出版商推动了读者队伍的壮大，市民阶层和贵族人士构建起私人藏书库。天主教的反宗教改革，通过创建学院（耶稣会、奥拉托利会、于尔絮勒会）也为此做出了贡献。据估计，到 17 世纪末为止，在法国，27% 的男子和 14% 的女子能在其结婚证书上签名，这证明他们具有一定的阅读和书写能力。

盗印和秘密出版

DIALOGUES
POSTHUMES
DU SIEUR
DE LA BRUYERE,
SUR
LE QUIETISME.
A PARIS,
Chez CHARLES OSMONT, ruë S. Jacques; au coin de la ruë de la Parcheminerie, à l'Ecu de France.
M. DC. XCIX.
Avec Approbation & Privilege du Roi.

从17世纪中叶起，早已不再新鲜的盗印达到了一种新的广度。盗印一部著作是有利可图的：作者的稿酬免了（小小的节省），尽管通常盗印的都是畅销书，纸张、排版和印刷也都不太讲究质量。此中有许多投机取巧的方式，或者是未经允许的原封不动的翻印，连原出版商的地址都印在书名页上；或者是有别于原作的重印，加一个假的出版者地址。在法国，外省的书商被图书检查制度逼得无利可图，把盗印看成是避免破产的唯一方法。1660年至1670年间，通过与法国南部、意大利和西班牙的贸易，才勉强维持了某种兴旺的里昂书业人士，现在却大规模地投入了盗印活动。阿维尼翁这个法兰西王国中的教皇领地也把盗印当作它的一大生意，许多外国城市也纷纷分享盗印成果，例如伦敦、日内瓦、列日、科隆、阿姆斯特丹。

另一种非法的活动是出版禁书，即没有获得出版权的书。许多无法逃过书刊检查官警惕的眼睛的新作，或是在法国秘密出版，或是在国外出版。

显然，这些书的作者名字都被抹去了，出版社的地址通常也都是假的。在地下出版的和盗印的书中，有不少表现出惊人的想象力，“科隆，彼得·马尔托（意为石头锤子）出版”这样的字样经常出现。

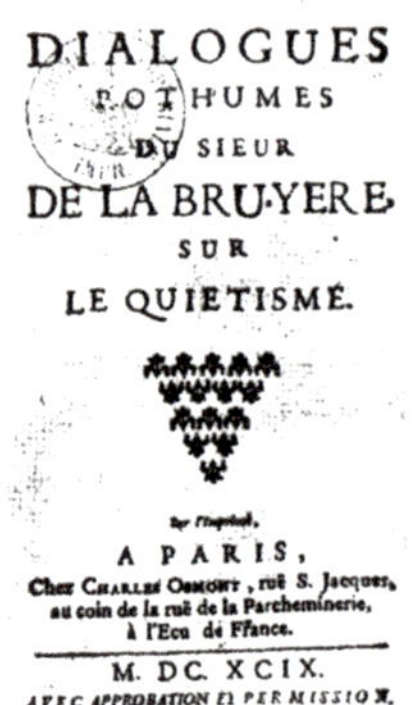
DIALOGUES
POSTHUMES
DU SIEUR
DE LA BRUYERE
SUR
LE QUIETISME.
Sur l'imprimé,
A PARIS,
Chez CHARLES OSMONT, ruë S. Jacques, au coin de la ruë de la Parcheminerie, à l'Ecu de France.
M. DC. XCIX.
AVEC APPROBATION ET PERMISSION.

如何区分原本（左图，1699年由奥斯蒙印刷）和盗印本（上图）？这两本都是拉布吕耶尔的《对话集》，盗印本的书名复制得跟原作一模一样，地址也一样，只有地址上面的评语“据印刷本”表明这是一个未获许可的版本。

从16世纪起就有了地图册。已知世界版图连续不断的扩展，人们对旅行兴趣的增长，商贸活动的发展，以及军事上的需要，都是地图册畅销的原因。在私人藏书中，地图册的地位也得到了承认，无论是小开本，还是大幅地图和科学地图，例如布劳的地图册（右页），都受到欢迎。

TOLEDO
LISBONA
PARIS
LONDON
EVROPA
recens descripta
à
Guilielmo Blaeuw.
MYRMANSKOY
MORE
RVSSIA
ASIÆ
TARTARIÆ
PARS
PARS
PONTVS EVXINVS
ASIA MINOR
NATOLIA
MARE MEDITERRANEVM
MARMARICA
Æ
PARS
Germani
Hungari
Bohemi
Poloni
Græci

“新闻报”（Gazette）一词来自意大利语 gazzetta（传单），其价格为一个 gazeta（威尼斯钱币名称）。这个词后来就用来指印有新闻消息的纸（上图是《阅读新闻报》的画）。

Nieu tijdinghe vanden Graef
van Bucquoy/ die wederom opghetrocken is met thien duysent
mannen/ende de Bemersche in Oostenrijck gheslaghen heeft
de twee duysent 200. ghevangen ses Vendelen ghenomen ende dry
Cornetten met twee stucken Gheschuts vanden Vyant genomen

t'Hantwerpen/ By Abraham Verhoeven/ op de Lombaerde
veste inde gulde Sonne. 1620.
Gheprint den 13. Meert 1620.
Met Gratie ende Preuilegie.

期刊的诞生

人们所知的最早尝试是亚伯拉罕·费尔赫芬在 1605 年创办的《梯今赫新闻》，这是一份弗拉芒语的半月刊。接下来的几年中，在巴塞尔、法兰克福、伦敦（《每周新闻》，1622）等地都有新期刊问世。在法国，是在黎塞留的创意下，1631 年 3 月 30 日，《新闻报》创刊，它并吞了几个月前创办的《各地普通新闻》，其领导权掌握在泰奥夫拉斯特·勒诺多的手中。这第一份报纸有 4 版，式样很像是一本书，新闻主要来自国外，它一出版就成了法国朝廷的喉舌。

17 世纪时期刊的发行量十分有限，主要原因是发行缓慢。勒诺多的《新闻报》销量不到 3000 份，却已远远超过了大部分欧洲报刊。人们可以订阅，或者到书店和报贩（下图是 1650 年前后的一个报贩）那里零买，或者等待每年的合订本。种种政治事件刺激了檄文和小册子的盛行，这些政论的言辞有时十分激烈，在三十年战争时期的德国尤其如此。左图是亚伯拉罕·费尔赫芬在比利时印刷的第一份弗拉芒语报纸，1620 年的一期。

LE CRIEVR DE GAZETTE
Monsieur l'hitoriant donne moy des enplatre
Pour nourir les cancers des ceruaux curieux
Ces beaux contes fardes des nouveaux demi dieux
Dont pour nostre profit les fous sont idolastre

几年中，尽管那些期刊受到当局的严密检查，但还是得到了发展，并且不再满足于刊登简短的不带评论的新闻。某些刊物甚至还专业化了，例如 1665 年由科尔贝创办的《博

学者报》，专门刊登文献信息，十分有名。但是，其报刊在政治论战和知识辩论中发挥重要作用，还得等到18世纪，特别是在英国。英国的第一份日报是1702年创办的《今日报》；而在法国，《巴黎日报》要到1777年才开始出版。

报贩（下图）是行贩的一种。他们的脖子上用皮带挂着箱子，箱子里放着各种商品。行贩也叫货郎，是传统行当。随着印刷业的急剧发展，报贩成了文学的传播者，千百万册图书由他们售卖，尤其是封面无文字的蓝皮书（左图）。

卖“小报”的报贩

并不一定要拥有图书，才算是和图书有了关系。除了在教堂做礼拜的集体用书外，城乡居民还有许多不同

的机会接触图书。首先是通过图片，因为图片是政治宣传的工具、传教的工具，还是娱乐的工具，依据情况的不同，它们或是张贴在教堂中，或是贴在家中和作坊的墙上。从 16 世纪起，城市就成了一些短命的“小报”流传的地点。它们是单张的报纸或小册子，配有插图，在街上售卖，刊登的多是表达一定观点的新闻事件：某国王来到某城、某王子的诞生、军队的战功、神妙的奇迹、自然灾害或者社会新闻，而且往往是耸人听闻的……

TRAITÉ
DES SONGES
ET DES
VISIONS NOCTURNES,

售卖这些小册子的报贩，在城市和乡村都为当地众人所熟悉。当局往往不无道理地怀疑他们传播违禁文字，因而驱逐他们。所以，他们成了越来越苛刻的书报检查制度的迫害对象。在城里，他们有时靠摆摊为生。在乡村，由于缺乏图书供应网络，他们甚至定期在偏僻的地区流动。

大众的阅读作品也和文人的一样，祈祷书是最普遍的。但是，蓝皮书包括了内容各异的图书种类，反映了大多数人的信仰和梦想。上图是一本释梦的《论梦与夜间幻觉》，下图是一本畅销书——《君士坦丁堡的美女海伦》。

蓝皮书和年历

在报贩挂在脖子上的箱子里，除了有针头线脑之类的杂货和各种各样的图画，还有一种最漂亮的图书，在 17 世纪，这类大众读物得到了极大发展，甚至代替了“小报”。这种小开本的册子，封面是蓝色的，上面没有文字，所以叫“蓝皮书”。人们花一两个铜板就可以买一册。

L'HISTOIRE
DE LA BELLE HELAINE
DE CONSTANTINOPLE;

蓝皮书中的文字从来没有作者的署名，印刷商们常常是亲自动手来写。它们共有大约 1200 种，花样繁多，没完没了地重印。其内容不但有娱乐，还有实用性知识，宗教文学在其中占很大分量，尤其是圣徒的生平传记。许多内容来自中世纪的文学作品，如对长期口述的传说故事的改编。除了一些新创作的作品外，某些几个世纪之前的经典作品也流

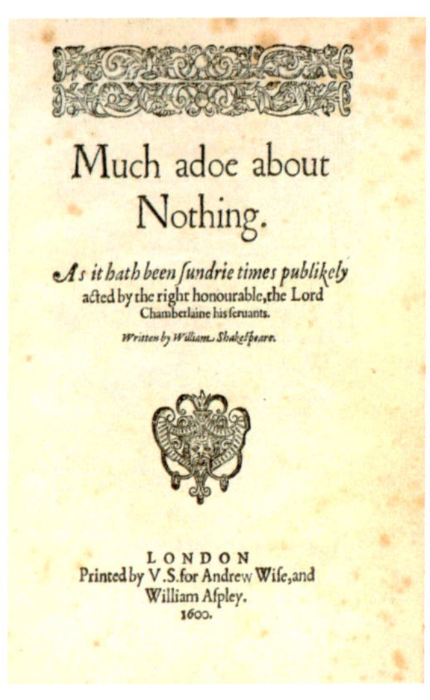
Much adoe about Nothing.

As it hath been sundrie times publikely acted by the right honourable, the Lord Chamberlaine his seruants.

Written by William Shakespeare.

LONDON
Printed by V. S. for Andrew Wise, and William Aspley.
1600.

传了下来，例如艾蒙四子的故事，或是高康大的历险。人们同样也能找到一些实用性的小册子，如园艺技术或医学知识，等等。年历是流行最广的图书，书中不免有早在1533年就被拉伯雷的《巨人传》嘲笑的那些卜算，其中预言家诺查丹玛斯的作品重印得最多。只要认识一点点的字就能使用这些书了。1635年在列日出版的《马太·朗斯贝格》，还有在巴塞尔创办的《瘸腿信使》，是流传最广的历书，它们把种种有用的信息和天文学知识混在一起。

在法国，特鲁瓦地区是这种“蓝皮书文学”的特殊出版地，长期以来，这种书几乎是农村世界的唯一印刷品。在英国，流行的是《切普书》，一种从内容和传播方式来说与蓝皮书十分相近的小书。

17世纪标志着戏剧的辉煌。借助于官方的保护，大剧作家们（如莎士比亚和高乃依）纷纷赢得了相当高的声誉，但这种声誉很难超越国境。戏剧创造了一种质量平平的特殊出版物，12开本逐渐代替了4开本。左上图是莎士比亚剧本《无事生非》1650年的一个英语版。

新体裁

图书似乎有些失去它在人文主义时期的创新能力。书店和印刷作坊再也不是与作者进行频繁交流的中心，作者们更多地聚集在当时王公的宫廷中，或者在走向文学辉煌的某些必经之地，如文学沙龙这一聊天和谈论时尚的专门场所，再如在意大利和法国有数量众多的学院。但是，这一切并不能阻止新体裁的发展。如果说，宗教书籍依然占据着图书产量

ICO ALMANACCO
L'ANNO 1695
RVE PER L'ITALIA
fecondo la Dottrina del Dottiffimo
IO MORTO.

以不识字或识字不多的大众为对象的年历，可能是在乡村中流传最广最早的书，不会读书的人也能拥有。开始时，它是借助于许多容易辨认的符号的简单的日历和天文学作品，随后，它渐渐变成了一种穷人的百科全书，集中了生活中必须掌握的基础知识，具有娱乐和教育的功能。小学生只要有基本的阅读能力就可以读它了。某些年历有漂亮的名称，尽管原作已散佚，但却长久地保留了下来。左图是《死人的真正年历》(佛罗伦萨，1695)，下图是《大赦年 1653 年年历》的细部(里昂)。

NOVEMBRE
d Touffaints　midy，temps
2　Les Trepaff. humide.
3 f s. Hubert　Grande cru-
4 g s. Charl. Borr. auté.
5 a s. Zacharie　Pl.l.le 5.
6 b s. Leonard　à 6.h. 8.
7 c s. Herculian　m.du m. pluy.
8 d Les 4. coronés ou neige
9 e s. Maturin　Guerre fous
10 f s. Tryphon　Virgo.

的 1/3，那么，配有精美插图的历史书，则通过描绘皇家业绩而赢得当权者的青睐。某些文学体裁的出现，例如小说和戏剧，为作家赢得了新的社会地位，1635 年法兰西学院的创建就是这方面的一个象征。丰富多彩的戏剧文学，由于用乡土语言写作，过去常常不为外国人所熟悉，现在它也在欧洲各地放出光芒，从英国伊丽莎白时代的莎士比亚，到黄金时代西班牙的洛佩·德·维加和卡尔德龙。

当时还出现了儿童文学，例如拉封丹的某些寓言作品。童话故事，例如夏尔·佩罗的童话，是对古代口述故事的翻新，它们也常常通过蓝皮书得到普及。

发行量和开本

图书的发行量始终很小，常常只有几百册，很少能达到 2000 或 3000 册。一些数字很能说明问题：笛卡尔的《方法论》第一版发行了 3000 册（莱顿，1637），法兰西学院的《词典》发行了 1500 册（巴黎，1685）。宗教著作尤其是礼拜读物，以及教科书、大众文学，通常能达到较大的发行量。

尽管图书制作方法没有变化，图书的形式却有所改变。除了某些宗教、法律、历史读物或精装本，大开本（对

除了埃尔泽菲这一例外，活版印刷艺术在 17 世纪受到了相当大的忽视。在 17 世纪末的法国，王室印书馆的一个改革计划导致了新字体种类的创造。新字体跟加拉蒙以来经常使用的字体有很大不同。它们更加对称，离日常书写更远，以笔画的粗细对立为特征，由格朗让描画，被称为“国王罗马体”（上图是最基本的字冲）。它们虽然使用得很少，却对下一个世纪的字体图案有很大影响。

开本）已不再流行。

印刷字体开始更新，并颇具影响，菲利普·格朗让创造了“国王罗马体”，第一次用在了记载路易十四治下主要事件的纪念碑（1702）上。人们还注意到，作品的题目依然很长。

版画艺术

但是，主要的变化还是在插图方面，尽管在这一时期，绝大部分书还没有配插图。铜版画几乎完全代替了木刻版画，木版画太粗糙，只保留在普通图书的一些次要插图（条饰、字母、尾花、商标）上。大多数情况下，插图都用在卷首页上，与书名页面对面，主要是为了介绍作者。实际上，铜版画艺术是跟图书并行独立发展的，有它自己的商业网络。某些作品还是真正的艺术家创作的，例如鲁本斯曾为安特卫普的莫勒图斯工作；而在法国，雅克·卡洛、亚伯拉罕·博斯、克洛德·梅朗、弗朗索瓦·肖沃都为拉封丹的作品画过插图。

LA

BARBE BLEÜE.

L eſtoit une fois un homme qui avoit de belles maiſons à la Ville & à la.

图书的装饰是人们持久关注的对象，它受益于技术革新。铜版画带来了一种独特的美学，严谨而又明快，用于图书的各部分，从书名页一直到各种装饰要求（左页中图就是一个尾花）。亚伯拉罕·博斯发明了镪水蚀版技术。他于1645年发表了《论铜版雕刻法》（上图为其中一幅图），它成了版画家的《圣经》。左图是《蓝胡子》的插图，而在当时，即使是儿童文学作品中也很少有插图。

DEVISES
POVR LES TAPISSERIES DV ROY,
OV SONT REPRESENTEZ LES QVATRE ELEMENS
ET LES QVATRE SAISONS DE L'ANNEE.

The first Booke of Architecture, made by Sebastian Serly, entreating of Geometrie.

Translated out of Italian into Dutch, and out of Dutch into English.

LONDON

Printed for Robert Peake,

XII.

SIBYLLARVM

ICONES ELEGANT-

In gratiam & honorem praestantis-

MDCI.

MARTINI OPICII.

Teutsche Poëmata

und

ARISTARCHUS

Wieder die verachtung Teutscher Sprach.

Item

Verteutschung Danielis Heinsÿ Lobgesangs Jesu Christi,

und

Hymni in Bachum

Sampt einem anhang

Mehr außerleßener geticht anderer Teutscher Poëten.

Der gleichen in dieser Sprach Hiebevor nicht auß kommen.

Straßburg

In verlegung Eberhard Zetzners.

Anno 1624.

有时，书名页是一本书中唯一有插图的地方，在17世纪，它常常用来展现精湛的插图技艺。图案的框架受建筑的影响，并发扬了上一世纪的传统。人们喜欢在里头加进许多小框框，在其中描绘作品的情节。1630年到1640年间，其发展趋向于明快。1663年，科尔贝责成小学术院为国王在凡尔赛寝宫的壁毯选择格言。最后形成了一篇辉煌的手稿，由雅克·巴伊做彩色装饰，到1669年，这些壁毯的图案出了一个印刷版，由塞巴斯蒂安·勒克莱尔制作铜版（见左页）。左上图为塞巴斯蒂安·瑟利所做的《建筑学的第一本书》，是文艺复兴时期一部建筑学著作的重版，1611年在伦敦出版。右上图是克里斯平·范·德·帕斯的《最优雅的女预言家的图像》（科隆，1601）。左图是马丁·奥皮茨的《德国诗歌》的精美插图，1624年第一次在德国出版。

L'Anticamera d'Amore

在18世纪，专制王权在观念和事实上都受到挑战。尽管报刊业得到巨大发展，印刷书依然无须竞争就成为启蒙运动的基本媒介，而启蒙运动则是整个欧洲的精神和科学生活的中心，为众多革命做好了准备。

第五章
国王书

无论是为了视觉的愉悦，还是为了研究的快乐，图书通过色彩的运用和字体的革新，成为一个诱惑者，它用通俗的语言突破了种种禁忌。由于容易得到，又不怎么昂贵，它不再仅仅是给人阅读，它还供人收藏。

启蒙与自由化

在法国，启蒙时代砸开了强加给图书世界的枷锁。盗印的异常发展使当局认识到压制政策的无效，被迫做出各种让步。1718 年起，当局对某些图书实行了一种“默许”政策，而不再查禁和压制。1777 年，所谓“简单许可”的制度使种种古代书籍进入大众领域，激励了外省书商的活动。但是，某些书还是不得不在国外出版，尽管它们的数量不小，而且，在全欧洲范围内，盗印活动仍在大规模地进行。18 世纪中叶在西班牙实行的商贸自由化措施，同样也刺激了图书行业。在意大利，《禁书书目》压制得不那么严重了（在 1766 年的书目中，仍然出现了 4942 种禁书），国家行使的书报检查制度则更加集中在政治领域中。

在检查官与哲学家之间的斗争中，出版商又成为拥有特权者，比如定居于阿姆斯特丹的日内瓦人马克·米歇尔·雷伊，他也是卢梭和狄德罗的朋友和出版人；再比如日内瓦的克拉梅尔兄弟，他们是伏尔泰的出版人。

APPROBATION.

J'Ai lu par ordre de Monſeigneur le Chancelier, un Manuſcrit qui a pour titre, DE L'ESPRIT, dans lequel je n'ai rien trouvé qui m'ait paru devoir en empêcher l'impreſſion. Fait à Verſailles, ce 27 Mars 1758.

爱尔维修的著作《论精神》于 1758 年阴差阳错地得到了书报检查官的许可（左图）。尽管它受到了高等法院和教会的指责，但它仍然可以出版。

新倾向和翻译

图书产量的增长是明显的，尤其在 18 世纪的最后 20 年。英国占据了第一位，在短短几年中就成为一个大量出口图书的国家，主要向它在美洲的殖民地和印度出口。

法国跟德国一样，在整整一个世纪中，图书产量增加了两倍，到了大革命时期，每年的出版物达到大约 2000 种，而荷

在斯特拉斯堡的阿芒·柯尼希书店（约 1762 年）中，卖书的铺面和专业空间并没有太明显的区别。书架上，库存的书有的装订好了，有的还是零散的印张。人们可以看到，在翻阅图书的顾客之中，有一个雇员在做登记。一包图书放在地上，纸包上还有书店的缩写字母。许多书店业主同时也是出版商和发行商。

兰则依然是法语作品的重要出版地，与法国出版商竞争激烈，以满足全欧洲的需要。西班牙印刷业直到 18 世纪中期还没有什么起色，全靠斐迪南六世和后来的卡洛斯三世的保护，它才获得真正的创新。在马德里，报刊的数量从 1770 年的 113 种增加到了 1792 年的 209 种。在意大利这个有着众多读者的国家，出版社不如法国那么集中，但是，从那不勒斯到威尼斯，其产量相当可观。实际上，全欧洲的出版业，无论在数量上还是在质量上，都取得了很大的进展。在过去的一个世纪中，战争席卷了全欧洲，从 1667 年到 1763 年，就有法荷战争、奥格斯堡同盟战争、西班牙王位继承战争、奥地利王位继承战争、七年战争等。而现在，战争的结束，为商贸提供了发展的机会。

宗教出版物明显走向衰落，但发行量依然很大。与此同时，新的图书种类也在出现。例如科学书就出版得更频繁，更容易得到，插图更多，而且常常用通俗语言写成，因为在出版业的各领域中拉丁语已经衰落了。

布丰的《自然史》从 1749 年起由王室印书馆出版了 38 卷，获得巨大成功，种种的再版和盗印便是明证。它成为大量普及版的对象。翻译的作用越来越重要，它加快了科学发现与科学进步的脚步，也促进了新的文学体裁的出现。

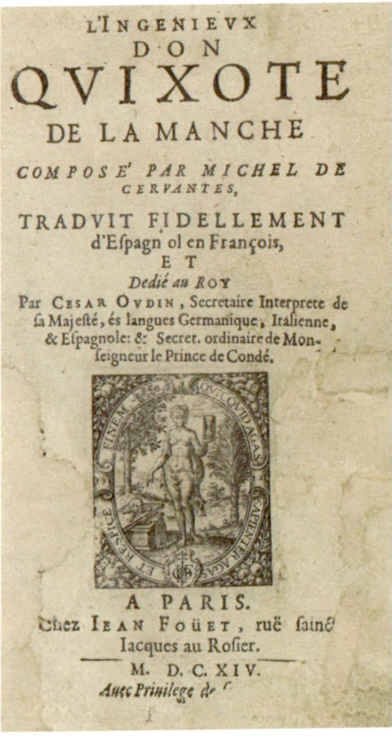
L'INGENIEVX
DON
QVIXOTE
DE LA MANCHE
COMPOSE' PAR MICHEL DE
CERVANTES,
TRADVIT FIDELLEMENT
d'Efpagnol en François,
ET
Dedié au ROY
Par CESAR OVDIN, Secretaire Interprete de
fa Majefté, és langues Germanique, Italienne,
& Efpagnole: & Secret. ordinaire de Mon-
feigneur le Prince de Condé.

A PARIS.
Chez IEAN FOÜET, ruë fainct
Iacques au Rofier.
M. D. C. XIV.
Auec Priuilege du ...

在 1771 年发表的幻想小说《2440 年》中，作者路易－塞巴斯蒂安·梅西耶想象出一个用书搭成的柴火堆，“由五六十万本词典、10 万本法律著作、10 万本诗歌、160 万本游记和 10 亿本小说构成”。这本小说轰动一时，本身分成多种类型。畅销书往往立即就被翻译。《堂吉诃德》就是如此，西班牙文原版出版于 1605 年，而 1614 年就出版了塞萨尔·乌丹翻译的法文译本（上图）。

遥远大地的吸引力

另一个特别现象是游记和科学探险类图书的盛行，众多的探险故事在出版业中赢得了独特的地位，这反映出人们对遥远地区的莫大兴趣。这种新生的异国情调，保证了此类图书的成功。17 世纪初期《堂吉诃德》的出版，可以被视为现代小说诞生的象征，成为文学体裁发展的趋势。后来塞万提斯的这部作品被翻译成欧洲各种文字。几年时间里，每一个国家都有了一种流浪汉小说或喜剧小说，延续着塞万提斯的传统。在德国就有格里美豪森的《痴儿西木传》（1669）。17 世纪在法国出版的小说已经有大约 1400 种，在启蒙时代，小说获得了史无前例的

1760年之后，开始兴起了一股远途旅行和科学探险的浪潮，导致了一种带插图和地图的考察报告的出版，尤其是大革命和拿破仑帝国时期。各国通常一开始就参与探险，并解决出版经费。1797年，《拉彼鲁兹游记》出版（左图）。同样在国家印刷局印刷出版的布丰的《自然史》（左下图是它的一页插图），是一部科学巨著，1749年出第1卷，在作者逝世后继续由拉塞佩德推出，一直到1804年才出齐。各卷的开本大小不一，参差不齐。

图书在由书商印刷和出售之前，常常先要朗读，读给亲戚朋友听，或在小圈子中朗读，通常书往往在沙龙中被朗读后才出名。左图是巴黎圣奥诺雷街的若弗兰夫人家的沙龙，1755年，在她家的沙龙中，巴黎知识界的精英（包括狄德罗、孟德斯鸠、布丰、拉莫等）出席聆听伏尔泰悲剧《中国孤儿》的朗读。

发展，伏尔泰的《老实人》在1759年即出版的当年就有了17个盗印版。塞缪尔·理查森的《帕梅拉》、卢梭的《新爱洛漪丝》、歌德的《少年维特之烦恼》都是当时最成功的作品，都赢得了不少新读者，尤其是女性读者。18世纪末，阅读英国小说成为一种时尚，欧洲各国都翻译英国小说。

《百科全书》

启蒙时代的伟大著作，当然要数狄德罗和达朗贝尔的《百科全书》了，它在思想史上具有决定性的意义。出版社为这部多卷本巨著付出了极大的心血，一开始，是巴黎的书商勒布勒东打算翻译英国人钱伯斯1728年出版的《百科全书》，后来改变了计划。各卷发行量数字证明了它的影响：从第一版（1751—1772）起就发行了4235册，总量达到了约2.5万册，包括在瑞士和意大利出版的各种版本，如在1771年到1782年出版的平价小开本，半数以上在法国国外售卖。

《百科全书》的印制采用已在英国使用过，但在法国要采用还算新颖的大规模的商业方法——征求预订，以确保能筹集到进行这个大项目所必需的资金。此外还要散发宣传材

料、使用招贴、在报刊上登征订启事、派遣推销商、给预订者赠送礼物、书商大量参与分红（这刺激了他们“代销”该书）等。

更广的读者群

尽管例外的订户越来越多，但《百科全书》的发行量依然不大，常常是收支难以保持平衡，因为纸张价格意外地提高了。然而，尽管很难做出精确的估计，但靠着教育的普及和识字人口的增加，潜在读者的数量仍在不断地增大。

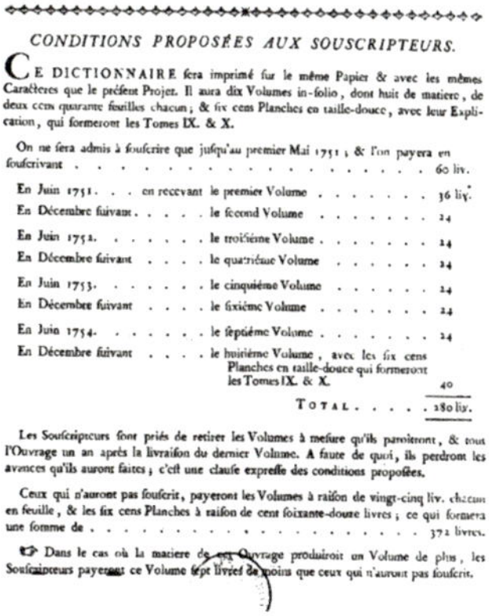

CONDITIONS PROPOSÉES AUX SOUSCRIPTEURS.

CE DICTIONNAIRE fera imprimé fur le même Papier & avec les mêmes Caractères que le préfent Projet. Il aura dix Volumes in-folio, dont huit de matiere, de deux cens quarante feuilles chacun; & fix cens Planches en taille-douce, avec leur Explication, qui formeront les Tomes IX. & X.

On ne fera admis à foufcrire que jufqu'au premier Mai 1751; & l'on payera en foufcrivant . . . . 60 liv.

En Juin 1751. . . . en recevant	le premier Volume	36 liv.
En Décembre fuivant	le fecond Volume	24
En Juin 1752.	le troifiéme Volume	24
En Décembre fuivant	le quatriéme Volume	24
En Juin 1753.	le cinquiéme Volume	24
En Décembre fuivant	le fixiéme Volume	24
En Juin 1754.	le feptiéme Volume	24
En Décembre fuivant	le huitiéme Volume, avec les fix cens Planches en taille-douce qui formeront les Tomes IX. & X.	40
	TOTAL.	280 liv.

Les Soufcripteurs font priés de retirer les Volumes à mefure qu'ils paroîtront, & tout l'Ouvrage un an après la livraifon du dernier Volume. A faute de quoi, ils perdront les avances qu'ils auront faites; c'eft une claufe expreffe des conditions propofées.

Ceux qui n'auront pas foufcrit, payeront les Volumes à raifon de vingt-cinq liv. chacun en feuille, & les fix cens Planches à raifon de cent foixante-douze livres; ce qui formera une fomme de . . . . 372 livres.

☞ Dans le cas où la matiere de cet Ouvrage produiroit un Volume de plus, les Soufcripteurs payeront ce Volume fept livres de moins que ceux qui n'auront pas foufcrit.

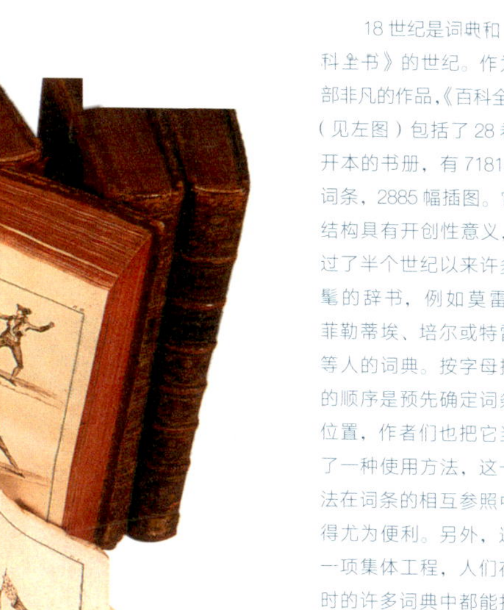

18 世纪是词典和《百科全书》的世纪。作为一部非凡的作品，《百科全书》（见左图）包括了 28 卷对开本的书册，有 71818 个词条，2885 幅插图。它的结构具有开创性意义，超过了半个世纪以来许多时髦的辞书，例如莫雷里、菲勒蒂埃、培尔或特雷武等人的词典。按字母排列的顺序是预先确定词条的位置，作者们也把它当作了一种使用方法，这一方法在词条的相互参照中显得尤为便利。另外，这是一项集体工程，人们在当时的许多词典中都能找到这种发明创造：请专家和专业编辑来撰写词条。上图是《百科全书》的预订登记表。

报刊作为启蒙精神的载体，作为思想的论坛，它的发展极大地促进了公众舆论的诞生和好奇精神的培养。在旧制度时统计的1267种法语（当时法语是欧洲文化中的流行语言）报刊中，有1127种是在18世纪创办的，由此可见其发展速度之快。专业报刊（文学类、医学类、法律类、经济类等）的大幅度增加，证明了精神生活的丰富，而发行量的增长，则证明了新闻记者及其观点的影响在扩大。1770年前后，3家最大的法语报纸（《法兰西信使》、《文学年鉴》和《法兰西新闻报》）发行量达到了1万份。大革命时期更是报刊数量突增的大好机会，尤其是政治刊物。在德国，报纸《汉堡通讯》的发行量，在19世纪初期竟然达到了5万份。

阅读的新场所

18世纪出现了一种阅读的疯狂，所有人都在读书。如果说，在家阅读是最主要的方式，那么，读者队伍的扩大同样应该归功于图书馆的发展。在某些国家，如

这方面走在前头的英国，图书馆已经发展得相当先进。在 18 世纪时已经有几百家图书馆经营借书业务，而一些咖啡馆则让人接触到更加丰富多彩的文学。在德国，外借图书馆的大量增长，促进了阅读趣味的增长，甚至在一些小城市也有了这样的图书馆，只要付一点点钱，就可以入馆借阅。一些自治的、不以赢利为目的的读书会，成了读书和结社的场所。

大革命前夕，巴黎拥有 18 座图书馆，大多属于修道院，开放程度越来越大，外省也有 16 个城市至少拥有一座图书馆。印刷书也更容易接触到，因为在城市中已经出现了图书出租人和阅览室，这些阅览室由私人开设，让读者就地阅读或按日租阅书籍和报刊。

图书的当街公开售卖已成气候（左页上图是 1700 年前后在英国的书摊），这引起了书商的抗议。除了识字课本和小祈祷书，专门为儿童写的书少得可怜（请看左页下图中的图书与那个英国孩子之间的不成比例）。图书馆常常设在私人的家中，专门留出一些空房间，向公众开放由图书构成的长廊。

宁静而又舒适的环境，聚精会神的女读者，在上图这幅弗拉戈纳尔的绘画作品中，一切都在强调阅读、个人生活这一全新时刻。阅读甚至成了一种真正的激情，它是 18 世纪下半期的一大特色。

“我总觉得，只有在写作不成为一种职业时，作者才可能是有名的和受尊敬的”（卢梭语）

在文学的国度里，作者长期以来一直无利可图——被点燃（唤起）理智的欧洲群体——盗印的增长几乎使作者对出版和再版书失去了很大一部分的著作权。由于得不到足够的报酬，许多作者不得不从属于某个资助者，这位资助者可能是国家，但更多的情况是一位保护人，为他们提供秘书、家庭教师等另一个职业。这在路易十四统治时期是一种普遍现象，一些著名的剧作者甚至同时通过演出获得收入。

由乌德里绘制的插图《拉封丹寓言集》（上图和下图），按照马勒泽布的说法，“与其说它是一个寓言集的版本，还不如说是一座为著名作者而竖立的纪念碑”。

在整个18世纪，人们逐渐意识到作者创作活动的特殊性，承认了他们工作报酬的原则。在英国，1710年之后，版权的定义是把作品的所有权赋予作者，而不是出版者。在法国，著名作家和哲学家如伏尔泰或卢梭，可以靠卖手稿给书商维持生计，而不必再从事其他的商业活动。文学作品所有权的概念开始诞生。法国于1777年颁布的限制出版特权期限的法令，第一次正式认可作者版权。而1793年的有关法令，一方面扩展了版权的范围，另一方面又为19世纪的有关法律奠定了基础。

报刊的发展和词典的成功，也催生了一类新的报酬——稿费，它使得一批数量不断增长的作者能靠写作为生。

充满诱惑的书

18世纪还体现出珍本爱好和书籍收藏的趣味，它们促进了图书装帧艺术的发展。在法国，一些伟大的艺术家在这方面做出了贡献，例如布歇、乌德里或科尚。印刷商也致力于制作一些被认为十全十美的作品，例如西班牙人华金·伊瓦拉就在国王卡洛斯三世的宫中印书。

小开本书和薄本书的数量继续增长，人们甚至开始做一

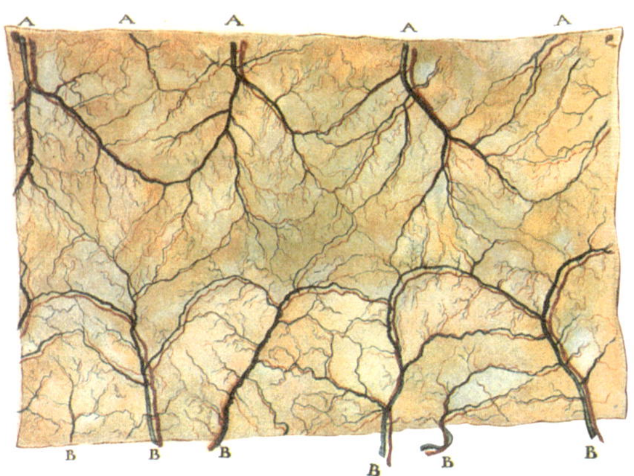

这个图版是由莱布隆德的一个学生用三原色法制作的，它插配在 1736 年出版的一本解剖学著作中。

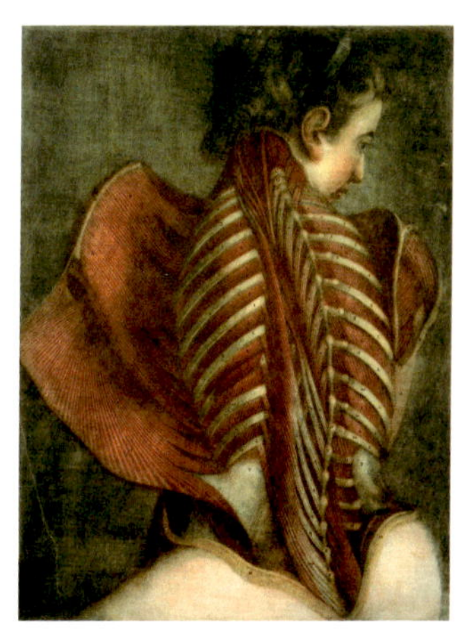

些很小的书。当时，已出现了被叫作收藏丛书的 8 开本书，还出现了一些作家的作品全集或选集。

17 世纪已出现的载有假书名的书页，变得越来越常见，书名本身变得越来越短，经常印成红、黑两色。而商标所占据的位置也越来越小，直到消失或者被一个简单的小花饰所代替。而在正文中，页面的底脚专门留给了旁注。

色彩

只有某些大众出版物还在使用木刻。现在，插图几乎全都由凹刻雕版来完成，或是刀刻，或是蚀刻，这门技术在 18 世纪下半期推广得很快。

到了 18 世纪末，书中出现了彩色插图。那时，彩色图像无论是不是为图书而做，都要靠用刷字板着色或人工涂描样品逐一获取。

版画开始从新的革新成果中获益，而这些成果的使用还要等到下一个世纪：英国人托马斯·比尤伊克完善了一种新的木刻技术，还有由泽内费尔德于1796年发明的石印画技术。博多尼在帕尔马、迪多兄弟在巴黎、伊瓦拉在西班牙，都重印了古代的经典作品，在排版和插图上都投入了极大的精力。上图是由大迪多在1802年印刷的《马赛克路面》。左页下图是由专家戈蒂埃·达戈蒂雕刻的《解剖学天使》。

早在16世纪，某些双色或多色的版画印刷试验，就在德国和意大利获得成功。但是，使用几个印刷版来印一幅图画，往往难以保证印刷结果。18世纪初，德国人雅各布·克里斯托夫·莱布隆德（Jacob Christoph Leblond）发明了一种叫"三原色法"的印刷体系，从红、蓝、黄三种基本色出发，复制出各种颜色来。它只用三块印版连着印，便能配置出各种各样的色彩。当这种方法由戈蒂埃·达戈蒂（Gautier Dagoty）用在印书中时，预告了三色印刷术的最终诞生。

字体的多样化

在18世纪，生产制造条件并没有根本性的改变，到了18世纪末，出现了新的探索，并在下一个世纪取得成果。在排版领域，种种革新层出不穷，英国印刷商约翰·巴斯克维尔（John Baskerville）创造了许多新字体；而意大利人博多尼（Bodoni）也以他的罗马字体，衍生出一种图书美学。迪多家族王朝诞生于18世纪初，并一直延续到下一个世纪，在印刷业和出版业留下了辉煌业绩：这一家族的弗朗索瓦出版了带有精美插图的普雷沃神甫的《旅行故事》，他的儿子弗朗索瓦-

SEMAINE
SAINTE

图书装帧艺术在18世纪获得了辉煌成就。在书店里，书可以按照普通方法装订后卖出，也可以（而且更常见）简单装成册并包上一张彩色纸后卖出，然后由顾客请装潢师来装订。当时出现了一些新的装饰类型，如所谓的马赛克式（即使用色彩各异的封皮）、花边式（用有单线条图案的纸做封面）等。左页是带有路易十五的女儿阿代拉伊德夫人纹章图案的封面装帧。本页左上图是带有路易十五的妻子玛丽·莱什琴斯卡纹章的马赛克式装帧。左下图是马赛克式装帧，鹦鹉啄着的是路易十六的母亲玛丽–约瑟芬·德·萨克斯的纹章。上图是带有路易十六的姐妹伊丽莎白夫人纹章的褐色小牛皮装饰的封面。

S P E C I M E N

By *JOHN BASKERVILLE* of *Birmingham.*

I Am indebted to you for two Letters dated from Corcyra. You congratulate me in one of them on the Account you have Received, that I ſtill preſerve my former Authority in the Commonwealth: and wiſh me Joy in the other of my late Marriage. With reſpect to the Firſt,

I Am indebted to you for two Letters dated from Corcyra. You congratulate me in one of them on the Account you have Received, that I ſtill preſerve my former Authority in the Commonwealth: and wiſh me Joy in the other of my late Marriage. With reſpect to the firſt, if to mean well to the Intereſt of my Country and to

I Am indebted to you for two Letters dated from Corcyra. You congratulate me in one of them on the Account you have received, that I ſtill preſerve my former Authority in the Commonwealth: and wiſh me joy in the other of my late Marriage. With reſpect to the Firſt, if to mean well to the Intereſt of my Country and to approve that meaning to every Friend of its Liberties, may be conſider'd as maintaining

FREGI
E
MAJUSCOLE
INCISE E FUSE
DA
GIAMBATTISTA
BODONI
DIRETTORE
DELLA STAMPERIA REALE
A PARMA
NELLA STAMPERIA STESSA
1771

Q. HORATII FLACCI

Hac ego ſi compellar imag[illegible] cuncta reſigno.
Nec ſomnum plebis laudo ſatur altilium; nec
Otia divitiis Arabum liberrima muto.
Sæpe verecundum laudaſti: rexque, paterque
Audiſti coram, nec verbo parcius abſens
Inſpice ſi poſſum donata reponere lætus.
Haud male Telemachus proles patientis Ulyſſei;
Non eſt aptus equis Ithacæ locus, ut neque planis
Porrectus ſpatiis, neque multæ prodigus herbæ:
Atride, magis apta tibi tua dona relinquam.
Parvum parva decent. mihi jam non regia Roma,
Sed vacuum Tibur placet, aut imbelle Tarentum.
Strenuus et fortis, cauſiſque Philippus agendis

乔万尼·巴蒂斯塔·博多尼（1740—1813）是帕尔马大公的印书馆总监，印出了《伊利亚特》和《贺拉斯》的卓越版本。左图是他的三个大写字母，左上图是一本书名目录。

if to mean well to the Intereſt of my Country and to approve that meaning to every Friend of its Liberties, may be conſider'd as maintaining my Authority; the Account you have heard is certainly true. But if it conſiſts in rendering thoſe Sentiments effectual to the Public Welfare or at leaſt in daring freely to Support and inforce them;

approve that meaning to every Friend of its Liberties, may be conſider'd as maintaining my Authority; the Account you have heard is certainly true. But if it conſiſts in rendering thoſe Sentiments effectual to the Public Welfare or at leaſt in daring freely to Support and inforce them; alas! my Friend I have not the leaſt ſha-

my Authority; the Account you have heard is certainly true. But if it conſiſts in rendering thoſe Sentiments effectual to the Public Welfare or at leaſt in daring freely to Support and inforce them; alas! my Friend I have not the leaſt ſhadow of Authority remaining. The Truth of it is, it will be ſufficient Honor if I can have ſo much Authority over myſelf as to bear with patience our preſent and impending Calamities: a frame of Mind not to be acquired without difficulty,

Q. HORATII FLACCI

Hac ego ſi compellar imag[illegible] cuncta reſigno.
Nec ſomnum plebis laudo ſatur altilium; nec
Otia divitiis Arabum liberrima muto.
Sæpe verecundum laudaſti; rexque, paterque
Audiſti coram, nec verbo parcius abſens
Inſpice ſi poſſum donata reponere lætus.
Haud male Telemachus proles patientis Ulyſſei;
Non eſt aptus equis Ithacæ locus, ut neque planis
Porrectus ſpatiis, neque multæ prodigus herbæ:
Atride, magis apta tibi tua dona relinquam.
Parvum parva decent. mihi jam non regia Roma,
Sed vacuum Tibur placet, aut imbelle Tarentum.
Strenuus et fortis, cauſiſque Philippus agendis

安布鲁瓦兹（即大迪多），创造了一种带新古典主义风格的印刷字体（后人称之为“迪多体”），并研究印刷机的改良技术。弗朗索瓦的另一个儿子皮埃尔–弗朗索瓦（小迪多）开办了一家造纸厂和一家铸造厂。大迪多的儿子菲尔曼是第一个使用铅版浇注法的人。迪多家族的印刷厂印行了维吉尔、拉辛等古典作家的作品以及《圣经》的精美版本。

一个出版帝国

里尔人夏尔·约瑟夫·庞库克（Charles Joseph Panckoucke）在巴黎的业绩，象征着新型出版商的崛起。他把赌注押在报刊经营上，雇用了几百人为他工作……由

英国印刷商约翰·巴斯克维尔对图书生产的全过程十分感兴趣。他发明了一种高质量的油墨和一种牛皮纸。1757 年，他完成了他的第一个字体样本（见左图）。1779 年，他的遗孀把他的字冲卖给了文学与印刷协会，也就是作家兼商人博马舍，后者把它使用于他出版的伏尔泰作品全集中。在法国，皮埃尔·西蒙·富尼耶的《活版印刷手册》（1766）推动了活版印刷的革新，并以迪多家族的成就为标志。迪多的印刷字体（下图）强调了粗笔画和细笔画之间的对比，它们的设计考虑到了完全不同的纸页，留出了许多空白，使得字体的黑线部分尤为明显，从而抛弃了其他任何的装饰因素。

ABCDEFGHIJKLMNOPQRSTUVW
XYZ ÉÀÈÙÂÊÎÔÛËÏÆŒÇ&
abcdefghijklmnopqrstuvwxyzabcdefghijklm
é à è ù â ê î ô û ä ë ï ö ü æ œ ç ﬁ ﬃ ﬀ ﬂ ﬄ
. , ’ ’ : ; - ! ? ( ) « » * ſ 1234567890

此赢得了一大笔财富。作为卓有成效的推广普及者，他特别善于利用各种保护，处理与知识界的关系，抓住可能的机遇，建立了法兰西报刊界的第一个帝国，控制了好几家发行量巨大的报纸，例如《法兰西信使》(2万份)和《日内瓦日报》(8300份)。他求助于广告，并在报纸上刊登他自己的东西。凭借着出版物的数量，他和许多国外的尤其是瑞士的书商和印刷商有了合作关系，并组建起财团以便更好地控制发行。他依靠一批强有力的作者“同行”进行新的尝试，启动巨大的编撰工程。他与启蒙哲学家的关系密切，还出版了《百科全书》的好几个版本。后来，他投身于以狄德罗的《百科全书》为基础的《实用百科全书》的出版事业中，并希望能超越他的前辈。

1672年由多诺·德·维泽创办的《风流信使》，在1724年更名为《法兰西信使》。它跟《新闻报》以及《博学者报》一样，都是法

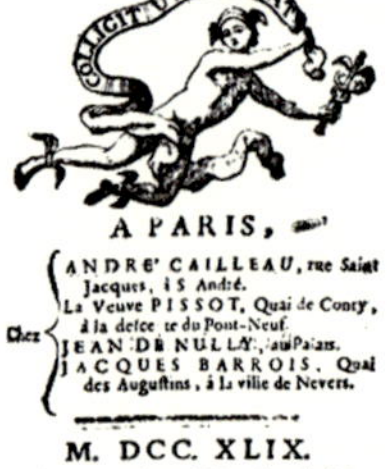

MERCURE
DE FRANCE,
DÉDIÉ AU ROI.
OCTOBRE. 1749.

A PARIS,
Chez
ANDRÉ CAILLEAU, rue Saint Jacques, à S. André.
La Veuve PISSOT, Quai de Conty, à la descente du Pont-Neuf.
JEAN DE NULLY, au Palais.
JACQUES BARROIS, Quai des Augustins, à la ville de Nevers.

M. DCC. XLIX.
Avec Approbation & Privilège du Roi.

国最重要的报纸。从1720年起，私人报刊出现，它对公共舆论的形成做出了贡献，是世纪大争论的回声。

自命不凡的书

法国大革命粉碎了行业公会、王室特权和专门许可，还给图书以一种依然脆弱的自由。《人权宣言》的第11条明确宣告：“思想与观点的自由交流，是人类最宝贵的权利之一，任何一个公民都可以自由地发表言论、写作和出版。”

依靠种种的技术进步，这一新气象逐渐形成，图书生产成倍地增长。在300年时间里，印刷业的制作和推广的模式并没有改变，还是依靠从谷登堡那里继承来的实践。种种发明创造，例如造纸机、活版浇注、金属印刷机、石版印刷等，只是在1830年以后才给出版业带来彻底的飞跃。但是，图书在这时已经完成了另一种具有决定性意义的变化，它的社会地位在改变。图书战胜

法国大革命的最初几年（右图是《共和八年宪法》），对图书和报刊来说，是一个彻底自由的阶段，只不过这一阶段持续得太短。确实，对于印刷业，拿破仑帝国将意味着一个史无前例的严密控制阶段，出版业将始终受到政治动荡的影响。

了书刊检查制度，由此赢得了新的读者，它从一个国家流传到另一个国家，进而传播到世界各地，证明了其内容和形式上的多样性。书成为一种不可忽视的大众交流媒介，由此而变得强大无敌。《百科全书》为所有的人提供了人类知识的整体，成为他们改变社会的武器。沿着《百科全书》的脚步，图书为自己提出的任务，已经不仅仅是认识世界，而且还要改造世界。

Dialo: della Musi: ant: e mod: di Vincenzo Galilei.
M. P. dal Fog. P.1
Musi: di Aristide Quintiliano

见证与文献

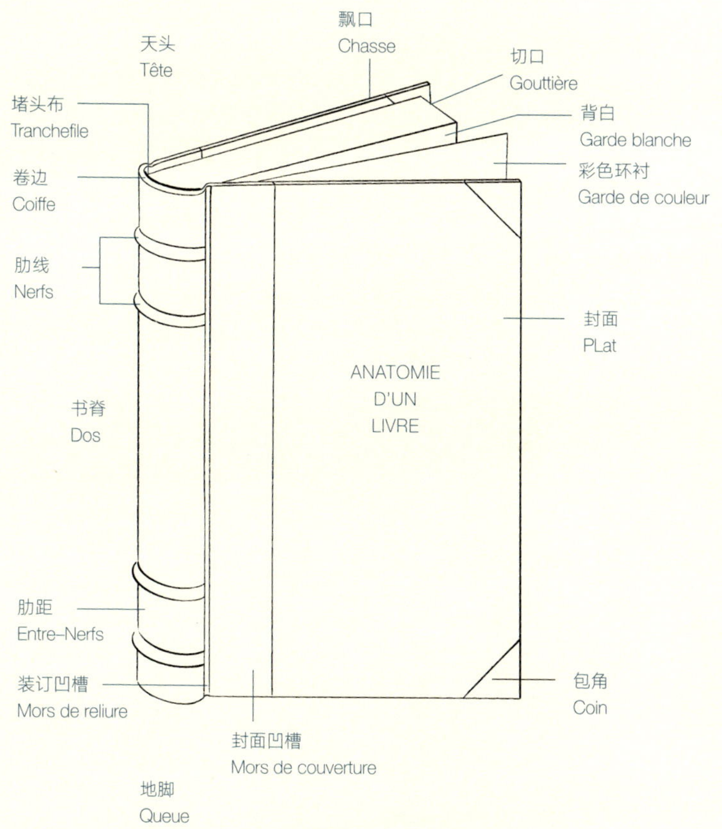
飘口
Chasse
天头
Tête
切口
Gouttière
堵头布
Tranchefile
背白
Garde blanche
卷边
Coiffe
彩色环衬
Garde de couleur
肋线
Nerfs
封面
PLat
ANATOMIE
D'UN
LIVRE
书脊
Dos
肋距
Entre-Nerfs
装订凹槽
Mors de reliure
包角
Coin
封面凹槽
Mors de couverture
地脚
Queue

誊抄室

从6世纪起，直到印刷术的发明，僧侣抄书人一直是基本的造书匠。圣本尼狄克的《法规》描绘了转抄手稿的方法，但没有明确人们是在什么地方抄书的。在大多数修道院里，都有一个专为它保留的地点——誊抄室。

表现抄书人生活的描写有很多，但是，描绘誊抄室的文献却很少。

圣高尔修道院的地图

由于没有描写可以追溯到6世纪，人们只能通过大约在830年制成的圣加仑修道院的著名地图，知道修道院内誊抄室的地点。从地基上看，它是长方形的，为教堂中的一部分，因为它紧贴着底楼东侧祭坛的北边，它的楼上就是藏书室。此外，它的建筑体恰好与圣器室构成一种平衡，后者位于东侧祭坛的南边。通过一道精心设置在西墙上的门，可以直接进入北端的耳堂。一切都是为了赋予那个厅室一种神圣的特性，在那里，7个抄书人背靠着东侧和北侧的外墙，坐在窗户之间，忙于他们寂静的工作。

受摩尔人威胁的西班牙抄书人

10世纪，萨莫拉北部的塔瓦拉圣萨尔瓦多修道院中的誊抄室就是如此，《贝阿杜斯的启示录》的一些最漂亮的手抄本就是从那里产生的。在一个大部分土地都被阿拉伯人占领的国家，未被占的领土常常遭到敌人的侵犯，塔瓦拉圣萨尔瓦多修道院的建筑就很适应这种战争形势。970年的《贝阿杜斯的启示录》某个手稿本上的一幅细密画显示出，修道院紧挨着一座高高的碉堡，配备有两口大钟，既可以报时预告祭礼，又可以在战备时报警。它有四个楼层，最上面还有一道警戒用的木廊，各层之间只用活动梯子通行，在围困时，撤掉梯子，就可以把城堡的各层隔离开来。紧贴着它的是一座由底楼和二三层楼组成的楼房，屋顶上铺着红瓦，抄书人的作坊就在这座楼的二楼。誊抄室与楼下也只有一把梯子相连。两个抄书人或细密画画工，面对面地坐在紧靠着墙壁的高顶靠背座上，分享着一张低矮的桌子。

在北方的修道院中

11 世纪，图尔的圣马丁修道院誊抄室设立在修道院的内院。十几个抄书人在里面静静地工作，他们都坐在精心制作的座椅上，面对着为适合抄书而改造过的桌子。如同在圣高尔修道院中那样，列日大教堂的誊抄室直接通往教堂内部。我们是从一起意外事件了解到这一点的。1117 年的盛夏，一场暴风雨袭击了列日城，一个惊雷击中了大教堂，打死了几名司铎，一个正站在圣科姆和圣达米安祭台后面，另一个在耶稣受难十字架前祈祷，第三个正好从誊抄室中走出来，走到圣堂的门口。

隐修士的工作

直到目前，在宗教机构中的手稿抄写，通常表现为一种集体活动。然而，由于某些修会的特殊结构，其概念又具备某种特点。沙尔特勒会修士把修道生活和隐居结合在一起，他们不知道有特定意义的誊抄室。12 世纪初由吉格撰写的《风俗录》证实，当时人们要为抄书的僧侣提供所有必要的材料，使他们得以在单人静室中专心致志于誊写工作。这种静室像是一座多层的小房子，在里面，抄写工作在一个小房间中进行，小房间位于朝向走廊楼梯的场所和叫作“cubiculum”的主厅之间，主厅里有僧侣的床和祈祷室。对西都会修士来说，誊抄室也同样不是一种集体工作。保持肃静的规矩，在罗贝尔·德·莫莱姆和圣贝尔纳的弟子中极为严格地执行,迫使抄写成为个人活动。12 世纪时，克莱尔沃修道院中的抄书人拥有 8 个静室，它们一个接一个地排列在与教堂平行的同一轴线上，而它们的外墙则从圆室南面的顶端开始。这 8 个静室朝向一条小径，小径把它们与小小的内院隔开，它们连续覆盖了位于修道院附属教堂和小教堂之间的空间。

雅克·斯蒂农
《中世纪的文字学》
科林出版社，1991 年

维南修斯的桌子

在描写中世纪生活的侦探小说《玫瑰的名字》中，作者翁贝托·艾柯精确地描写了一座大修道院中的誊抄室，以及它狂热不安的活动。

尽管白天天气很冷，誊抄室里还是相当暖和。

当初，它建在厨房的上面可不是一种偶发的奇想，完全是想借助从厨房传来的充足热量。此外，楼下两个炉子的烟囱道，要通过支撑着西塔和南塔螺旋楼梯的柱子内部。至于与大厅相对而立的北塔，它并没有楼梯，但有一个大壁炉，熊熊的炉火带来令人愉快的融融暖意。此外，石板地上铺着干草，使我们的脚步失去了声音。

可怜的维南修斯的桌子背向着大壁炉，兴许是最令人垂涎的桌子之一。那时候，我在誊抄室中度过的，还只是生命的很小一部分。后来，我在那里度过了很大一部分时光，我可知道，在寒冷的冬天，长时间地待在桌子前工作，对抄书人、对花饰工、对研究者来说，是怎样痛苦的一件事啊！握笔的手指头冻得僵硬(就算在正常温度下，经过6小时的书写，手指头会可怕的痉挛，大拇指就像是被人踩了一脚似的疼痛不已)。这就解释了为什么我们常常发现，书稿的边缘会有抄书人留下的句子，是他们痛苦（实在到了忍无可忍的地步）的见证。例如：“感谢上帝，天总算快黑了。”或者是：“噢,我要是有一杯酒就好了！”再或者：“今天，天很冷，光线暗淡，这张皮上尽是毛毛，总是有毛病。”就像古代的谚语所说，“三个指头捏杆笔，全身付出吃奶力”。而且，还疼着呢。

但是，我说的是维南修斯的桌子。它比别的桌子都要小，跟围绕着八角形院子摆放的供研究者使用的桌子一样小，而摆在外墙窗底下的桌子则都是比较宽大的，因为它们是留给装饰画师和抄书人用的。此外，维南修斯同样还有一个斜面读经台，因为他在抄写时，兴许还要翻阅借给修道院的手稿。在桌子底下放着一个矮架子，上面堆满了没有折叠装订的书页，它们全都用拉丁文写成，我推断这是他新近刚刚做的翻译。它们写得很匆忙，并不是一本书的书页格式，看来随后还得委托一个抄书人或一个花饰工去加工。所以，它潦草得几乎难以辨认。在书页中间还有几本希腊语书。斜面读经台上翻开着另外一本希腊语书，最近那些日子里，维南修斯就一直在忙着翻译这部著作。

翁贝托·艾柯

《玫瑰的名字》

格拉塞出版社，1982年

一项崇高的使命

抄书工作是艰难的，僧侣始终有可能犯错误，他必须时刻小心谨慎，提防着种种差错。下面的这段告诫铭刻在图尔的圣马丁修道院的誊抄室中。

愿坐在这里的那些人，写下神圣之法的话语，写下神圣之父们的神圣教诲。愿他们不要混淆了这些话语和那些无聊话，以便他们放松的手不会写错。愿他们得到精心修订过的作品，愿飞禽之羽走的是正道。愿他们通过音节和顿挫，分清句子的确切意义，把标点符号标在合适的地方，以便朗读者在教堂中、在虔信的兄弟面前能正确无误地读出来，不至于在不该停顿的地方停顿。抄写神圣的作品，这是一项崇高的使命，抄书人总将得到回报。写书总要比种植葡萄强，葡萄管的是人的肚腹，书本管的是人的灵魂。应该允许老师教人了解许多的旧事和新事，但每个人最好都去读神甫们的神圣文字。

转引自《中世纪的文字学》

一项称得上完美的工作

圣安塞尔姆给一个抄书人的几点宝贵建议。

假如你能全篇誊抄下格言警句评注，我会很高兴；假如你不能，那么我要劝告你，你不应该把希腊词汇或罕见的难词丢在一旁。尽管你看来已经决定，要花费一部分时间来抄写关于脉搏的小册子，我倒是更愿意看到，你能使用你可以使用的一切，来完成关于格言警句的那一篇。确实，包含在一部作品中的教益，只有对那些十分熟悉这类科学并热情投身其中的人才有用。然而，假如在抄写完格言警句之后，你还有时间对付那小册子的话，我也会很高兴地接受它。无论是抄写这些手稿中的哪一部，我都要特别地建议你，千万千万要小心地做订正：无论你做的是什么，都要让你所做的成为一项称得上完美的工作。这些作品的文字还不太为人所知，不太被人利用，我情愿我只拥有其中的一部分，但它应该是真正依照原作抄下来的，而不是被众多的错误弄得一团糟的东西。

转引自《中世纪的文字学》

某个叫谷登堡的人

“在那个时代，印刷和制书艺术在美因茨城里被一个叫谷登堡的公民发明了，那时候，他耗费了他所有的家产，克服了重重困难，终于完成了他的新发明。他所开创的事业，得到了同样卓越的人，约翰·富斯特和其他人的支持。”

《施潘海姆·德·特里特米乌斯的编年史》，1495—1509

一部期待已久的《圣经》

最令人激动的见证之一，是在1455年3月12日埃内亚·西尔维奥·皮科洛米尼写给卡瓦亚尔的一封信中。但是，谷登堡的名字没有被提到：

Toutefois, grâce à l'appui de son associé Faust, Gutemberg put enfin terminer son œuvre et faire paraître sa fameuse Bible que ses caractères gothiques faisaient ressembler à un manuscrit, ce qui fut le but primitif de l'inventeur. L'imprimerie dès lors était créée (1450).

关于在法兰克福见到的这个怪人，人们所写的全都是真事。我没有看到完整的《圣经》，但是，我看到了好多本带有5个印张的不同的书(《圣经》)，书写十分细腻，十分正确，没有一处错误，阁下可以不戴眼镜毫无困难地阅读。……人们甚至把好几本这样的5印张书本献给了皇帝。假如可能的话，我会尽力去买一本这样的《圣经》，呈您一阅。我所担心的是这件事不一定办得到，一方面由于路途遥远，另一方面也因为，就像人们所说的，还没等书完成，买书的人早已经等不及了。但愿阁下在此期间有强烈兴趣相信这件事，这是我从您给我的上一封比飞马还快的加急信中得出的结论。玩笑至此为止。

转引自居伊·贝希泰尔
《谷登堡》
法亚尔出版社，1992年

某一个谷登堡

从最初的年头起，关于发明者的姓名就一直有分歧。《科隆编年史》(1499)中的记载是最精确的。

这一令人敬佩的艺术，最先是在德国，在莱茵河畔的美因茨发现的。……而这发生在救世主（耶稣）基督纪年的1440年，从那时起，直到1450年，这门艺术以及与之有关的东西得到了发掘。……1450年那一年,是个黄金年份：人们在那时候开始印刷书籍，而第一本印出来的书是拉丁语的《圣经》。……印刷术的第一个发明者是美因茨的公民，他诞生在斯特拉斯堡，叫作谷登堡。这门艺术从美因茨传到了科隆，传到了斯特拉斯堡，随后又传到了威尼斯。这一艺术的开始和发展，是令人尊敬的大师哈瑙的乌尔里希·策尔亲口对我说的，1499年，他依然是科隆的一个印书人，全靠他，这一艺术来到了科隆。

居伊·贝希泰尔
《谷登堡》

对这样一种发明，一人之力远远不够

居伊·贝希泰尔在他关于谷登堡的著作中告诉人们，发明不是一朝一夕的事，它是合作的成果。

印刷术不是谷登堡发明的，即便是西方的印刷术，也不是他发明的。在他之前，人们就已经印刷过版画、插图故事，兴许还有小册子。但是，使用的油墨质量很糟，字体大小不一，只印在纸张的一面，没有有效的压印……总之，印得又差又慢，数量又少。必须要靠金属机械的使用，才能将这一切带到新的预感的光芒中。……还必须制造新的油墨，既鲜亮，又不透纸。……为了这样的一项事业，一个人的力量是远远不够的。于是，好几年中，谷登堡的身边总是围绕着一些据说是帮助他成功的人，铸造匠、金银匠、金融家、书法家、艺术家、图书专家，甚至还有拉丁文化学者和宗教人士。这样，也就无端地生出了关于谁是真正发明人的争论。

居伊·贝希泰尔
《谷登堡》

“只要你想一想”……

吕西安·费夫尔和亨利·让·马丁特别强调了印刷术传播的迅速。

在今天习惯了科技惊人发展的20世纪的人看来，当年印刷术的传播似乎还是很缓慢的。然而，只要你想一想15世纪的人们需要克服的诸多困难——在那个世纪中，各种交流还是那么缓慢，科学技术还是那么落后；只要你想一想，从1450年到1460年，只有那么一点点人，集中在美因茨的几家作坊中，了解活版印刷艺术的秘密——对于那个时代，这门艺术确实又微妙又复杂；只要你想一想创办印刷厂的人需要克服的诸多困难——要集中必要的基础材料，例如做字冲的钢材、做模子的黄铜、做活字的铅锡合金；只要你想一想技术人员的缺乏，雕刻字冲的刻匠、浇铸活字的铸匠和排字工。总之一句话，只要你想一想，一门全新工业的创建，一个旨在推动图书发行的商业网络的形成，所要遇到的所有这些困难。假如人们意识到所有这些困难，那么印刷业的发展实际上还应该算是快速的，15 世纪的人们是热爱新生事物的。

吕西安·费夫尔和亨利·让·马丁
《书的诞生》
阿尔班·米歇尔出版社，1958 年

学者和印刷商

印刷商们从来没有像在16世纪那样负有那么大的责任，当时，人文主义还把古代作品以本来面目当作自己的目标。印刷商本人常常就是文化人，许多学者从事出版业。

伊拉斯谟和阿默巴赫

人文主义学者和出版商在印刷作坊中的合作确实存在。它促使他们彼此产生了深厚的友谊，例如，伊拉斯谟跟巴塞尔的印刷商阿默巴赫与弗罗本之间的友谊。当伊拉斯谟于1529年在弗罗本那里出版了圣奥古斯丁的作品集时，他在作品的序言中，描绘了那位已经出版了同一作品另一版本的热心人约翰·阿默巴赫的形象。

我只是想表示一下，教会的这一巨大瑰宝那么晚才印刷出来，是一件多么令人遗憾的事情啊！不过，它总算在众人的手中达到了巅峰。从表面来看，巨大的费用使出版者望而却步。第一个敢于接手这一美丽而又高贵工作的人，是一位极其虔诚的人——约翰·阿默巴赫。他在物质上相当富有，而在精神天赋上，他更为富有，无论是过度的开销，还是对各种各样的手稿必须做细致研究；无论是手稿黏贴上的麻烦，还是完成任务的困难，或是销售中的种种不测，没有任何东西能阻止他全心全意地把圣奥古斯丁的全部思想传播给所有人。驱动他的并非是对利益的追逐，他的动机出自真诚的虔诚之心，他要让教会中那些伟大的古代博学者重新活在人们心中，因为他不愿意痛苦地看到他们被遗忘。因此，我不怀疑，所有那些受圣奥古斯丁的鼓舞而在虔诚道路上前进的人，都会为他的灵魂祈祷。当他以极大的努力准备出版圣哲罗姆的全部作品时，上帝召他上了天。

但是，在临终之时，他把这一使命传给了他的三个儿子布鲁诺、巴西尔和博尼法斯。为了这一目的，他早就精心地培养他们接受良好教育——精通三种语言。他们带着同样的热情和忠诚，实现了他们父亲的意愿。

《伊拉斯谟通信集》
布鲁塞尔自由大学
文艺复兴和人文主义研究学院

全靠弗罗本，才有了一部无“差错”的圣奥古斯丁的作品集

伊拉斯谟同样也赞美了约翰·弗罗本的说服力。

约翰·弗罗本，这个有着惊人记忆力的人，实在值得所有学者的永远敬重，因为他对学术研究表现出了异常的忠诚。我本人就曾在他的一再恳求下，终于答应改正作品集中的一个并且是唯一的错误，使他能把这本书做得如同上一个样板，推销到下一次书市上去。我同意了他的要求，只是有一个条件——不要期望过高，他接受了。我很快发现，他早就计划完成这一卷作品集，但是他没有一个有能力的或至少有兴趣的人，帮他完成校对工作。于是，我就屈从于

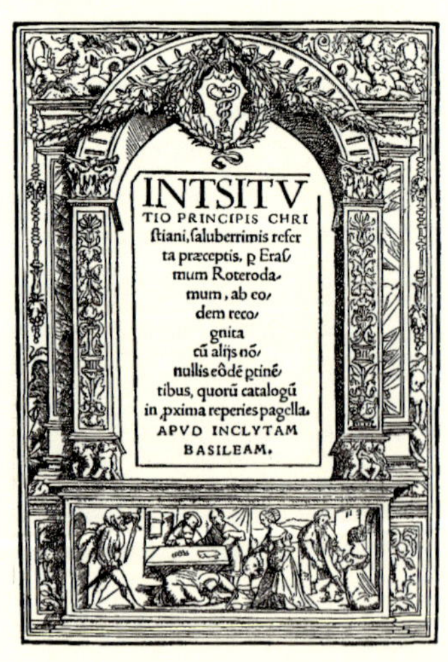

伊拉斯谟的这两部作品，于 1520 年前后在巴塞尔由约翰·弗罗本印刷出书

这一优秀朋友的固执愿望，尤其屈从于他对这项事业的虔诚。我同意接受这整本书，但仅仅只是这一本，并不停地宣布，假如他真的想把这项事业继续下去，他最好另外去找一个校对，而不要拿那么细致的工作来纠缠我，那只会白白地浪费我的精力，也亏空了他的钱财。总之，没有人愿意背上一个如此的重负，而约翰·弗罗本又再三地肯定，假如没有人给他提供别的东西，那么，他的计划始终就是重印圣奥古斯丁的全集，而不管它的质量如何。我呢，一方面出于对一个朋友的重视，长期以来我对他从来说不出一个不字；另一方面更是出于这样一种想法，花费了那么大一笔钱，把教会的这位英明大师的作品重新推向世界舞台，却依然充满错误，依然面目全非、丑陋不堪，实在是一种不可补赎的亵渎，尤其因为它以外表的优雅和卷帙的浩繁，吸引了所有人的注意力，故而这种丑陋格外的醒目，就像是被人特地涂上了一层鲜红的颜色，却不料颜色中还有肮脏的污点。为了弥补这一缺憾，我同意亲自上阵。

《伊拉斯谟通信集》

疲倦……

他同时还发现，界限已被超越，就像在1530年5月这封写给人文主义者雅克·萨多莱的信中所显示的那样。

没有人能轻易地想象出，《格言》的修订增补版对我来说意味着什么；删改我的《塞内加》是一项什么样的工作（说来真是万分惭愧，我的那本《塞内加》，早先是由我的一些粗心大意的朋友背着我出版的）；过去我为圣奥古斯丁的作品，现在又为克里索斯托的作品做了一些什么；翻译古希腊作品，以及增补我以前翻译过的东西，对于我是一种什么样的工作；修改我常常需要重印的著作，我感到有多么的疲倦；更不必说我的朋友们强加给我的其他的细致工作；还有更厉害的呢，弗罗本印刷厂硬塞给我的真是一些要命的活儿，因为它们过于粗暴地摧残了我乐善好施的本性。这是我最大的弱点，在这一点上我无法原谅自己。我并不生产什么东西，但是，我从我的心智中挤出全都流产了的结晶。对你那么愿意读的这一注释，我仅仅只花费了7天时间，而且还不是全天，我的健康状况不好，我很疲劳。当有六七台印刷机一起开动时，你不可能只关注一件唯一的工作。当人们问我要书时，一般都是在书市期间，那时候，在印刷作坊中通常是一片混乱。所以，他们常常带着很多错就出厂了。我逃到了巴塞尔，这没错，但是，印刷所的要求就像影子那样也接踵而来。从本性上说，我很难拒绝朋友提出的要求。然而，很久以来，我的本意还是希望好好休息一下，我的年岁和健康都需要我过一种清净的生活。

《伊拉斯谟通信集》

印刷《圣经》

王室版或曰普朗坦多语对照版《圣经》的印刷，是16世纪时活版印刷的一件大事，靠着国王腓力二世的支持才得以实现。它一直到1572年方才完成。安特卫普这位印刷商的下面这封信，使人们得以了解这一工程的进展。以下是写给腓力二世的秘书加夫列尔·德·萨亚斯的一封信，是关于这一出版计划的最早的一份文献。

殿下：

作为对殿下大人关于4种语言即希伯来语、迦勒底语、希腊语和拉丁语对照本《圣经》的印刷的回答，我计划把它分为6大卷，我希望这6大卷书能够在3年期间印制完毕。

关于纸张，我可以从香槟地区特鲁瓦或者拉罗谢尔搞来，因为这两个地点对我们来说都很方便，我们大约需要3000令纸，它们的价钱至少达1.2万弗罗林。

至于工作中的一般费用，包括支付工人薪金和其他的印刷费用，大约还需要1.2万弗罗林，全部费用折合约1.2万埃居，这已经包括了纸张、印刷、雇工以及我所能想到的其他开销。

说到我已经想到的其他开销，我本应在此细细地报来，但是在作品最终完成之前，我实在无法列出细账。因为，我现在已经花费了相当大的一笔钱，用于网罗一批精通希伯来语和别的语言的学者，供吃供喝，请他们修订上述《圣经》中包含的所有希伯来词汇的词典。我还要接待殿下大人派来的精干的特使，请他们视察有关印刷作品的情况，而那本词典将大大地为《圣经》增光添彩。

假如我不确信，我召集的那些人已经为这样一部作品努力工作一段时间了，我是断然不敢夸口已聘请到能修订这部作品的饱学之士的。而且，我已经找到一个年轻人，他特别精通希伯来语、迦勒底语、希腊语和拉丁语。而为了更好地把他留在我身边，更方便地利用他的才干为这项事业服务，我已经把我的女儿许配给了他。

至于印刷用的那些字体，我已经全部准备就绪，那是我通过朋友的关系，从大老远的地方发现和购买到的。为此，我花费了大量的人力和金钱，我想，我不可能再在欧洲的其他地方找到那么漂亮、那么高质量的字体了。如同法国的、德国的、意大利的众多印刷商和内行人一样，他们也趁我不在的时候，后来又在我到法兰克福书市时，多次商谈此事，也想付款购买它。机会来得正好，因为我在最近那一次书市上，给好几位特别有身份的人几张上述《圣经》的清样。这几张清样中，有一张被递呈到了选帝侯奥古斯特公爵手中，此前，他已经捐献了不少金钱，用于这样一部作品的印行工作。这位老爷读到了我们的清样，并让他身边的其他人传阅，甚至也让一些为他印过《圣经》的人看，他们全都承认，他们实在无法做得同样好。于是这位老爷和他的工匠们都决定放弃他们的工作，在9月份最近的一次法兰克福书市上，他们见到了我，连他们的印刷商都鼓励我继续我的工程。

《克里斯托夫·普朗坦通信集》
1566年12月19日

在人文主义的传统中，普朗坦依靠与专家们的合作，他们十分认真严肃地整理文本。经过4年努力不懈的工作，《圣经》终于印成了。于是，光荣的时刻来临了，羊皮纸本或者大纸本的样书，要送给所有那些为此出过资或保护过此工程的人。

至于我们印行的1200册王室版《圣经》，每一册都包括5大卷。由于缺少资金等原因，我们只印了600册有关的词典，而现在，我们不得不花双倍的成本，再一次印刷，才能达到上述《圣经》的相应数量。全套书一共有8大卷，比阿尔卡拉的3大本《圣经》连同它们的词典还更厚、更大、更重。

《克里斯托夫·普朗坦通信集》
1572年11月14日

法兰克福或缪斯神的博览会

一年一度的法兰克福书市是出版业的重要时刻，是商业交流和精神交流的一个重要机会。印刷商亨利·艾蒂安在1574年留下了一段充满热情的描述。

从墨丘利神（假如这位神灵真的主管着商业贸易）的市场，我转向了缪斯神的市场，假如人们愿意的话，我想把它叫作缪斯神的学院和博览会。确实，在法兰克福的书市，缪斯神召唤来了她们的印刷商、她们的书商，她们命令他们同时带来诗人、演说家、历史学家、哲学家，不仅仅是往昔的希腊和意大利孕育的那些人，而且还有那缪斯九姐妹拜访的当今所有国家的那些学者。他们刚刚聚集到了一起，这里已不再是一个叫法兰克福的德国城市了，你还以为你已经置身于另一个城市，一个往日最兴盛、最有文化味的希腊城市。……假如，在我称作法兰克福式的雅典的这个街区，人们想到只会见到作品，而见不到作家本人，那可就错了，当然，我说的是那些因作品而流芳百世的作家。在那里，有一个任何的图书馆都不具备的优势，即配备专门的文学学院、文学博览会（就像我在上文中称呼的那样）。在这里，所有的人都可以听到一大群大师活生生的话语，他们从各种各样的学院跑来，甚至常常跑到书商的店铺中。你可以看到，他们跟当年在雅典学院中的苏格拉底和柏拉图一样，以同样的严肃方式谈论哲学。

那些哲学家不仅仅来自维也纳、维滕贝格、莱比锡、海德堡、斯特拉斯堡的学院，他们还来自外国，卢万、帕多瓦、牛津、剑桥等地，要一一列举地点，则会列出一份很长的单子；不仅仅有哲学家，还有诗人、演说家、历史学家、数学家，

有些人甚至集这几种身份于一身。……

无疑，你可以用这里的书籍装备一个跟以往那些著名的图书馆同样丰富（且只说图书的种类）的图书馆，与托勒密、波利克拉特、庇西特拉图或其他君主的图书馆媲美，不过你用不着担心这会像那些古代图书馆那样，需要王室般的，也就是巨大的或者（按照某些历史学家的说法）魔鬼般的开销。

这样，通过法兰克福，为文学与艺术之友集中积聚起如此大量的书，德国在以往的善举之上又增加了一项新的善举。自从我们依靠基督获得拯救以来，还从来没有过一个国家为文学提供过如此的一种善举。因为，正是它创造出了活版印刷的艺术，正是它在创造出了这种艺术之后，并不想把它单独留给自己，而是将其推广，把这人类才华更广地推向全世界。

亨利·艾蒂安

《法兰克福书市》，1574 年

法兰克福书市出版，1968 年

王室的监视

印刷业是危险的，因为一本书——它已经证实了——可以对宗教、权势和伦理道德提出质疑。于是，对它的控制是很严格的。从16世纪起，建立了特许权制度，通过给予特许，国王可以允许某一作品的出版，这一措施促使了17世纪对整个出版业的控制。

控制还是保护？

获得特许权是出版一本书必不可少的条件。下面就是1614年里昂的印刷商皮埃尔·里戈获得的一份特许证明选段，他要印刷一部耶稣会神甫里什奥姆的著作。这段文字重印在作品的开头。

王室印书馆出版物的卷首插图

上帝的宠者法兰西及纳瓦尔的国王路易圣谕……本朝之爱卿皮埃尔·里戈，里昂的印刷商，谦卑地向朕再三禀告及奏请，此臣手中有书一本，名曰《荣誉学士院，由天主之子致其教会的王国，论屈辱，在不同程度上与骄傲相对立》，是由耶稣会神甫普罗旺斯人路易·里什奥姆所做，此臣打算印刷此书，但担心耗费巨大费用之后，当局不同意印刷，并剥夺其劳动及投资。该臣万分谦卑地向朕恳请及期望，以御函之形式提供其必要的保障。为此，……朕特批准及诏令，以本信函为准，允许及同意其在本王国全境范围内，包括各省各地以及贵族领地，印刷或让人印刷、出售及发行上述之书，同时明令禁止所有臣民，无论其地位和等级，禁止他们印刷或让人印刷、出售及发行上述之书，哪怕是以增删或修改的方式，印刷其中的部分或片段。享受特权的时间与期限从该书印成之日起算，整整6年为期，如有违反，需科以1000里弗尔的罚金，其中半数收归宫廷，半数归于爱卿里戈，并没收所印全部书册。

纪元1614年及本王治下第4年
第4月第7日，于巴黎
国王委托御史
佩罗歇（签名）

A PARIS,
Chez DENYS THIERRY ruë S. Jacques, à l'enſeigne de la ville de Paris.

M. DC. LXXI.
AVEC PRIVILEGE DU ROY.

黎塞留和皇家印刷工场

在17世纪，法国的印刷业已经丢失了上一世纪所拥有的生命力和创造力，黎塞留决定采取断然措施。

可想而知，黎塞留在1640年稍前的时候，就已经打算创办一个皇家印刷工场，作为权势的工具，来加速印刷有利于国王之威望、宗教之进步和文学之发展的美妙出版物；同时，它们也可能成为对抗不断造反的图书小世界的手段。

1640年，黎塞留终于创办了王室印书馆，它开设在卢浮宫里，配备有最好的印刷字体。

1640年，从这些印刷机里印出来的第一本书是《效法耶稣基督》的一个对开豪华本，这是很有象征意义的。……在《效法耶稣基督》之后，是一部希腊语的《新约》，一部8卷本的拉丁语《圣经》，还有维吉尔、贺拉斯和泰伦提乌斯作品的珍版，此外还有尤维纳利斯和佩尔修斯的讽刺诗。在著名作者中，出版的有圣依纳爵的罗耀拉、圣弗朗西斯的塞尔斯、圣贝尔纳等人的作品，还有黎塞留自己的书，他的论战作品几乎到了人手一册的地步。这些书的选择很能代表当时的基督教人文主义趣味，代表有文化的法国人的趣味。王室印书馆最初出版物的兴趣和特点，在于文本版面的装帧，在这一方面，1642年版《圣经》的花饰和尾花尤其值得一提，同样具有特色的还有卢浮宫印书馆的灰色字母的字母表。所有这一切，证明了一种卓有成效的努力，它调和了插图和活版印刷之间的矛盾，为此后图书装帧业在法国的新生开了一个好头。

亨利·让·马丁
“国家印刷局的诞生”
摘自《国家印刷局的图书艺术》
国家印刷局，1973年

最初的阅读

最早的一家专营儿童书店，于1745年在伦敦开设。但是，假如撇开教科书、教理问答书以及某些童话故事书，那么，在18世纪末之前，就没有真正意义上的儿童文学了。这样，儿童们只好去读他们父母的书。卢梭、罗兰夫人和夏多布里昂为我们提供了他们最初阅读的见证。

卢梭，或早熟的爱情知识

在大众阶层中，儿童找到的将是“蓝皮书”的图书，或是成人作品的改编本。在特权阶层中（卢梭就属于这样的阶层），假如孩子们能找到某些十分罕见的作品，例如费奈隆为教育勃艮第公爵而专门写的《忒勒玛科斯》，他们就将发现阅读一些并非为他们而写的书的愉悦。

我不知道我是怎样学会阅读的，我只记得我最初读过的书以及它们带给我的影响：我连续不断地记录下对自己的认识就是从那个时候开始的。我母亲留下了一些小说。吃过晚饭，我的父亲和

我就开始读这些书。起初，我们不过是想从那些有趣的读物开始，练习我的阅读。但是很快地，我们的阅读兴趣变得那么强烈，便轮流地读着，没完没了，往往通宵达旦。一本书到了手里，不读到末尾是决不罢休的。通过这种危险的方法，我用不了多久，就不仅获得了极其娴熟的阅读能力和理解能力，而且还获得了在我那种年龄的人谁也没有的关于情欲的知识。……

1719年的夏天，我们读完了全部的小说。冬天来到时，我们就换了阅读的花样。母亲的藏书读完之后，我们就拿外祖父留下的图书来读。

幸运的是，那里头确实有不少的好书，……勒叙厄尔的《教会与帝国历史》，波舒哀的《世界通史讲话》，普鲁塔克的《名人传》，纳尼的《威尼斯历史》，奥维德的《变形记》，拉布吕耶尔的作品，丰特内勒的《宇宙万象解说》《死人对话录》，还有莫里哀的好几卷作品，全都搬到我父亲的书房里来了，每天当我父亲工作的时候，我就给他读这些书。

让－雅克·卢梭
《忏悔录》，1781年

让娜·玛丽·罗兰疯狂的求知欲

罗兰夫人（1754—1793）娘家姓玛农·弗利蓬，她在很小的时候就对阅读产生了兴趣。多年后，她在巴黎的家中主持一个著名的沙龙。她最后死在断头台上。

我的练习把白天的时间占得满满当当，叫我只觉得天日太短，因为，我从来就没有完成过我兴致勃勃地打算做的任何事。在读完了规定的基础书之后，我又很快地读完家里小藏书室中的书。我生吞活剥地读各种书，当我没有新书可读时，我又反过来重新再读那些旧书。我还记得两本对开本的《圣徒生平》，一本同样开本的古语《圣经》，阿庇安的《内战史》的一个旧译本，一本《土耳其戏剧》，文笔很差，我反复读了好几遍。我还发现了斯卡龙的《喜剧小说》，好几册所谓的好词汇，不过我却没有重读第二遍。还有正直的蓬蒂斯的《回忆录》，让我觉得很有趣，还有蒙庞西耶小姐的《回忆录》，我很喜欢其中的高傲劲儿。还有另外几本老书，它们的形式、内容和特点，仿佛还浮现在我的眼前。疯狂的求知欲如此紧地把我攫住，我刚找到一本《论纹章艺术》，就迫不及待地攻读起来，书里有彩色的插图，让我觉得是一种消遣，我很想知道，人们是如何称呼所有那些小小的形象的。很快，我的知识就让我父亲大吃一惊，因为我明确地向他指出，书中有一个纹章的结构是违反艺术规则的，我成了他这方面学问的权威，而我一点儿也没有骗他。一本小小的《论契约》落到了我手中，我试图把它弄明白，因为，我一旦去读什么，我就想把它弄懂记住，但是它让我厌烦，我还没有读到第四章就把它扔下了。

我爱上了《圣经》，我常常去读它，在我们的老传统里，它跟医生一样表达得直截了当，我被某些天真的表达法震惊，它们从未在我头脑中出现过。这使我受到了一般小女孩受不到的教育，当时，她们被保护在一种懵懂的氛围中，没有任何诱惑的威胁；而我，常常有太多的东西要思考，当我在面对一个看来不太可爱的物件时，往往不会停下来去关注。只不过，当我的姥姥对我说，小孩子是从白菜叶子底下捡来的时，我会哈哈大笑，我说，我的圣母玛利亚告诉我，他们是从别的地方来的，而根本不担心实际上我并不知道他们是怎么来的。……《忒勒玛科斯》和《被解放的耶路撒冷》稍稍扰乱了这些辉煌的痕迹。温柔的费奈隆使我的心激动起来，而塔斯点燃了我的想象力之火。有时候，我在母亲的要求下高声朗读。我并不喜欢这样读，这超出了我所钟爱的聚精会神的状态，使我不能读得太快，我宁可吞掉我的舌头，也不愿如此地朗读发生在卡利普索岛的那段故事，还有塔斯作品中的许多段落。我的呼吸急促起来，我感到有一股火突然在我的脸上燃烧，我说话变得结结巴巴，暴露出我心中的慌乱。我就是面对着忒勒玛科斯的欧查丽丝，面对着坦克雷德的爱尔弥妮。这时候，我已经全身心地化为了她们，我不再认为我自己身上还有什么个人的东西，我根本不回到自己身上来。我不寻找自己周围的任何东西，我就是她们，我看到的只有为她们而存在的东西，这是一场长眠不醒的美梦。我记得，在这期间，我十分激动地见到了一个叫塔博拉尔的年轻画家，他有时候来找我的父亲。他大概有 20 岁，脸庞俊秀，嗓音甜美，常常像一个姑娘那样脸红。当我听到他在画室中说话时，我就总是跑到他那里去，借口去找一支铅笔，或是别的什么东西。但是，他的在场既让我开心，又让我难堪，我往往是匆匆地进去后，不一会儿就匆匆地出来了，心跳得厉害，身体也颤抖个不停，只好回到我

的小房间里躲起来。今天，我相信，有了如此的心情，在清闲中、在某些聚会中，想象力和个性化是能取得很大进展的。

我刚才提到的这些作品，后来让位给了别的一些作品，它们的印象变得柔和了，伏尔泰的某些作品被我当作了消遣读物。有一天，我正在读《老实人》，我母亲有事，起身离开了牌桌，跟她一起打牌的一个太太把我从屋子角落里叫过去，让我把我手中的书给她看一下。等我母亲回来后，这个太太就对她说，我居然在读那样的书，实在令她惊讶。我母亲并没有回答她的话，只是简单地告诉我，快把这书放回原来的地方去。我狠狠地白了一眼那个太太，她一脸晦气，使劲地做着鬼脸，胖得肚皮上的肉都从腰带上鼓出来，从此，我就不再给这个沙博内太太好脸看。但是，我好心的母亲却毫不改变她特别奇怪的态度，她依然允许我读我能找到的读物，好像根本就不关心这些事情似的，尽管她心中十分明白这是怎么回事。此外，从来没有一本违背道德的书会到我的手中，甚至在今天，我也只知道两三本这样的书，而我所养成的品位，根本就不会使我有丝毫的欲望去搞到这些书。

我父亲很乐意时不时地送我一些书作为礼物，因为我喜欢书胜过其他一切。但是，由于他炫耀地说要支持我的品位，他就让我自己在适当的范围内做十分有趣的选择，例如他给了我费奈隆论女子教育的书，还有洛克关于儿童教育的著作，就像是把用于指导小学教师的书给了小学生本人。不过，我认为这是很成功的做法，对我来说，随便的阅读比起有条有理的作业来兴许更有用。

罗兰夫人

《18 世纪的一种资产阶级教育》

载《回忆录》，1964 年

夏多布里昂和关于心灵混乱的诱人描写

夏多布里昂讲述了 1780 年前后他在布列塔尼地区度过的童年。

那一年，我个人的生活，如同我的家庭生活，都开始了一种革命。一个偶然的机会，两本相当不同的书落到了我的手中，一本是没有遭惩罚的《贺拉斯》，还有一本是《假忏悔》。

这两本书在我精神上引起的震惊是不可想象的，一个奇特的世界在我周围矗立了起来。一方面，我怀疑那些在我的年龄无法理解的秘密，一种跟我自己的存在完全不同的存在，超出我游戏的欢愉，在异性身上体现出来的我尚不知其本质的魅力，而对异性，我认识的只有母亲和几个姐妹；另一方面，是一些拖着锁链、吐着火焰的鬼魂，向我宣告对唯一一桩隐藏之罪的永远刑罚。我失眠了。……

从此，我感到这股生命转移之火

的火星飞溅出来。我啃了《埃涅阿斯》的第4卷，并读了《忒勒玛科斯》，突然，我在迪东和欧查丽丝的身上发现了令我欣喜的美，我对那些漂亮诗行和古老散文的和谐变得十分敏感。……马西永作品中包括《女罪人》和《浪子回头》的种种说教的那几卷，令我爱不释手。家里人任由我翻阅它们，因为他们猜想不到我会在那里面找到什么。我从小礼拜堂里偷来一些蜡烛头，好在晚上都能阅读这些打动心灵的诱人描写。

夏多布里昂

《墓中回忆录》

从《爱弥儿》到《鲁滨孙漂流记》

在《爱弥儿》中，卢梭表现出敌视儿童时期的任何阅读。

我憎恨书籍，它们只能教人们谈论他们所不知道的东西。人们说，赫尔墨斯把科学的基本知识刻在石柱上，为的是使他的发现能躲过大洪水的劫难。假如他把它们深深地印刻在人的头脑中，它们就会留在人类的传统之中。得到训练的脑子是最好的历史纪念碑，人类的知识印刻在那里是最最牢靠的。

……既然我们必须要有书，那么倒是有这样一本书，按照我的心愿，它提供了关于自然教育最得法的论述。这本书将是我的爱弥儿读的第一本书，很长时间中，它将单独构成他的全部藏书，而且它将永远在他的藏书中占据着一个特别的位置。它将是我们关于自然科学的所有谈论中只为其提供解释的一部作品。在我们的进步中，它将用作我们判断状态的标准，只要我们的趣味没有过时，阅读它就始终会给我们带来愉悦。这本奇妙的书到底是什么？它是亚里士多德的作品，是普林尼的作品，还是布丰的作品？都不是，它是《鲁滨孙漂流记》。

让－雅克·卢梭

《爱弥儿》

该不该焚书？

书用一种易燃物质制作而成，很容易成为火的俘虏。自从有了书之后，就有了被焚烧的藏书，无论是意料之中的，还是意料之外的，也就有了跟他们出版的或印刷的书一起被投到火中烧死的人。

路德和他的异端派朋友

如果“一个巴黎市民的日记”可信的话，16世纪时焚书场景就发生在大街上。

8月8日星期六，朝廷判决之后的第二天，一个可怜的无知之人，所谓的隐修士，被判处割掉舌头。然后，由刽子手带到聚集着众人的广场上，在那里被活活烧死，他的书也于同一天早些时候，当着他的面在圣母院前的广场上被焚毁。如此的惩罚，皆因此人受路德派异端邪说的蛊惑，或者说受魔鬼的诱惑，竟敢于在大庭广众之下，甚至是在巴黎周围的乡镇中，公开地宣扬说，温和的圣女、贞洁的处女，我主的母亲，曾经受到了她丈夫约瑟的玷污，她是跟其他妇女一样，按照传统的做法，通过与她丈夫的肉体交配，才孕育了我们的救世之主耶稣的！……必须强调，由于这个隐修士是读了路德的书之后受到了引诱，才犯的这一罪孽。路德的书，人们所能找到的，都在广场上被焚烧了，从今往后，谁若是还藏匿并阅读这种书，必将受到处罚。隐修士在临死前，承认了他的罪过。至于某个叫巴尔坎的先生，他与

这个隐修士持同样的观点，也被朝廷逮捕了。尽管他的诉讼已告结束，他本人面临着生命危险，但他有几个朋友在朝廷中效力，通过金钱打点，买通了几个贵妇，并得到了首相的首肯，以为能获得减刑，但最终却被大议会驳回。……

4 月 17 日星期六，是巴尔坎的死日，这位在文学艺术方面十分博学的先生，早被指控为犯了异端罪，后又经国王批准，最终定了罪，被带到市政厅前处死。在此之前，他被科以重重的罚金，书被当面烧毁；人也一并被带走，永远关入黑牢，只靠面包和水度日。对此，他不服并上诉。这发生在 16 日星期五，执行判决的前一天。而教皇和国王的代表法官有权不理睬抗议和上诉，尽管他们可以发发慈悲，饶他一命，但他们还是要了他的命。第二天，也就是执法之日，他被带到市政厅前的河滩广场，被勒死在一根柱子上，然后再焚尸，他的书也跟他一起被投入火堆。愿上帝饶恕他，感谢上帝！但他没有求饶，因为他自以为是个博学者，能舞文弄墨。但是，他邪恶地滥用了他的知识，诋毁了有关我们信仰的许多东西，还有教会的礼仪。

《弗朗索瓦一世治下
一个巴黎市民的日记》

堂吉诃德的想象力

塞万提斯笔下的人物堂吉诃德读骑士小说读得太多了。

他把自己埋在书堆中，整夜整夜地阅读，从太阳下山读到太阳升起，又整日整日地阅读，从早上读到晚上。睡得很少很少，读得很多很多，读到最后，终于脑汁枯竭，失去了理智。他满脑子装的都是书中读到的荒诞故事，什么妖术啊，格斗啊，厮杀啊，比武啊，伤亡啊，打情骂俏啊，男欢女爱啊，痛苦欲绝啊，诸如此类的异想天开。他对这一切全都深信不疑，认为读到的所有这些胡说全是真人真事，而且，除此之外，世界上就不存在什么更为确实的历史了。

Étienne Dolet littérateur et imprimeur né à Orléans en 1509, brûlé à Paris en 1546.

在他第一次出外历险回来后，他呼呼大睡，怎么把他叫醒呢？

神甫向外甥女要钥匙，去开收藏着那些坑人书籍的房间。那姑娘满心欢喜，连忙交出钥匙。于是，他们3人一齐走进那房间，女管家也跟在后面。只见房间里有100多本大部头装帧精美的书，还有许多小薄本，……神甫……叫理发师把那些书一本一本地递过来，他想先看一看里面到底写了些什么，心想，说不定还有些书不应该放火一焚了之呢。“不，不，”那外甥女说，“一本也不能放过，全都是坑人的东西。还不如从窗户直接往院子里扔，堆得高高的，然后一把火统统烧了，再不，就干脆拉到牲口棚里，在那里烧，省得浓烟熏人。”

塞万提斯

《堂吉诃德》

“万能的上帝啊，掌握精灵在手的主，请把我们祖先的光明和有害的艺术还给我们吧！”

18世纪时，卢梭十分担心印刷带来的危险。

哦，伟大的哲学家们！请不要把这些有益的教训留给你们的朋友和后代，你们将很快从中获得奖励，我们将不怕在我们的朋友和后代中发现你们的某个信徒。

这就是那些卓越的人，在他们生前，同时代人就给予他们极大的尊敬，他们死后也将万古不朽。我们从他们那里得到明智的格言，并一代接一代地传下去。给人类理性带来种种迷茫的异教，是不是没有给后代留下任何东西，可以与福音书的统治时期——印刷术所带来的可耻纪念物相比较？卢西普和迪亚戈拉斯大逆不道的文字，已经随他们死去而消逝了。人们还没有发明使人类精神的荒诞永恒化的艺术。但是，靠着印刷字体，靠着我们对印刷的使用，霍布斯和斯宾诺莎的危险梦想会永远存在下去。快啊！我们父辈的无知与粗野所无法胜任的著名文字，你们快快走吧，在我们后代的生活中去陪伴那些更为危险的著作吧，从那些书中将散发出我们世纪风俗的腐败气息，愿你们一起把整整一段科学艺术的进步与优点的忠实历史，带给未来的一个个世纪吧。假如他们来读你们，那么，关于我们今天所讨论的问题，你们将不会留给他们任何疑惑，除非他们比我们还更不开窍，他们将把双手高高地朝天举起，满心苦涩地说：“万能的上帝啊，掌握精灵在手的主，请把我们祖先的光明和有害的艺术还给我们吧，把物质、天真和贫困，唯一能给我们带来幸福的财富，唯一能在你面前显得可贵的东西，还给我们吧。”……

鉴于印刷术已经在欧洲引起了可怕的混乱，并考虑到邪恶在日复一日地进展着，影响着未来，人们可以很容易地预计，各国的君王会刻不容缓地采取措施，把这一可怕的艺术驱逐出他们的国家。艾哈迈德苏丹曾对某些所谓有趣味的人的强求让步，同意在君士坦丁堡创办一家印刷厂。但是，印刷机刚刚投入运作，他们就不得不把它给毁坏了，并把工具扔到一口井里。人们说，当有人问到哈里发奥马尔，他该拿亚历山大城的图书馆怎么办时，他用以下的话做了回答："假如这家图书馆中的书含有违背《古兰经》的东西，它们就是坏的，就该把它们烧了。假如它们只包含《古兰经》的学说，也应该把它们给烧了，因为它们是多余的。"

我们的学者把这种推理当作荒诞性的极端例子来引用。然而，假设我们用格里高利一世来代替奥马尔，以福音书来代替《古兰经》，那么，图书馆照样也应该被烧掉，那也许将是这位著名的教皇生命中最漂亮的一个举动。

让－雅克·卢梭
《论科学与艺术》

图书馆的火灾

甚至连那些最大的图书馆也都是危险的，就像《百科全书》的有关词条所提到的那样。

埃及最大和最漂亮的图书馆是亚历山大城的图书馆，它兴许还是全世界最大和最漂亮的图书馆。它始建于救星托勒密一世时代，由法莱雷奥斯的德米特里设计督造，他让人前往所有国家，出重金搜罗图书。结果，按照圣伊皮凡尼乌斯的说法，积攒了54800卷藏书。约瑟夫说那里有藏书20万，而德米特里则希望能有50万，然而优西比乌斯确定地说，在救星的继承者费拉代尔夫去世时，该图书馆只拥有约10万卷图书。在以后几位君王统治时期，藏书量肯定有一些增长，最终达到了70万卷。但是说到"卷"这一术语，应该理解为卷轴，它比我们今天的卷册要远远薄得多。……

这家图书馆中最珍贵的藏书之一是

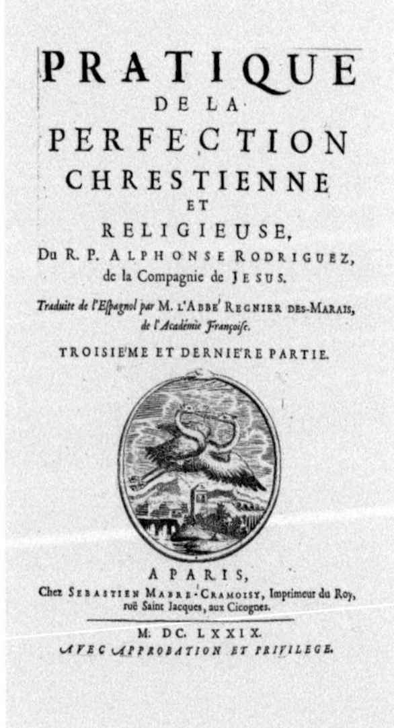
PRATIQUE
DE LA
PERFECTION
CHRESTIENNE
ET
RELIGIEUSE,
Du R. P. ALPHONSE RODRIGUEZ,
de la Compagnie de JESUS.
Traduite de l'Espagnol par M. L'ABBE' REGNIER DES-MARAIS,
de l'Académie Françoise.
TROISIE'ME ET DERNIE'RE PARTIE.

A PARIS,
Chez SEBASTIEN MABRE-CRAMOISY, Imprimeur du Roy,
ruë Saint Jacques, aux Cicognes.
M. DC. LXXIX.
AVEC APPROBATION ET PRIVILEGE.

《圣经》，它被放置在主厅中。当时，把它翻译为希腊文时，曾用了72名译者，为此目的，大祭司以利扎把他们派送给托勒密，而托勒密是通过阿里斯特提出的要求要这些人的。阿里斯特则是一个十分博学的人，一个卫队长。……

王位继承人中有一个叫托勒密·费斯孔的，是个十分残忍的君主，但是，在增加亚历山大城图书馆藏书量这件事上表现出的热情，他却丝毫不比别的任何人差。据说，有一次希腊遭受饥荒，他拒绝按惯例向雅典人提供小麦，除非他们同意把埃斯库罗斯、索福克勒斯和欧里庇得斯悲剧剧本的原稿留给埃及。后来，他留下了原稿，而只是把剧本的复制件还给了希腊人，他扔给他们15塔兰的钱，算是作为那些原稿的保险金。

所有人都知道，是什么迫使当时被围困在亚历山大城某街区中的朱利乌斯·恺撒放火烧了停泊在港口的船队。不幸的却是，风助火势，烧得超过了恺撒的想象范围，在烧掉了大港口附近的房屋之后，大火迅速蔓延到布鲁西翁街区，烧掉了小麦铺，还有坐落在那里的图书馆，引起了这个著名图书馆的火灾。

某些作者相信，在这场火灾中只有40万卷书被毁，同样数量的书总算从火中救出，再加上帕加马众王的图书馆还有些零碎的图书，这其中有20万卷是由安东尼交给克莉奥佩特拉的。于是人们很快建立起了塞拉皮翁的新图书馆，不久它的藏书量又变得十分丰富了。但是，在罗马各个皇帝的统治期间爆发了好几次革命，图书馆一会儿遭到抢劫，一会儿又重建，在多次的暴乱之后，它终于在650年被阿姆里毁掉。这个撒拉逊人的将军，秉承哈里发奥马尔的旨意，下达命令，让手下的士兵把亚历山大城图书馆中的书全都扔到该城的各家公共浴池中，用它们烧火，为浴池供暖整整6个月。

《百科全书》
“图书馆”词条

参考书目

Ouvrages collectifs:

- *L'Art du livre à l'imprimerie nationale,* Paris, Imprimerie nationale, 1973.
- *Grand Atlas des littératures*, Paris, Encyclopaedia universalis,1990.
- *Histoire de l'édition française*, 4 vol., sous la direction d'Henri –Jean Martin et Roger Chartier,Paris, Promodis, 1982–1986.
- *Histoire de la lecture dans le monde occidental*,sous la direction de Guglielmo Cavallo et Roger Chartier, Paris, Seuil, 1997.
- *Le Livre*, catalogue d'exposition, Paris, Bibliothèque nationale, 1972.
- *Le Livre dans l'Europe de la Renaissance*, Actes du XXVIIIe colloque international d'études humanistes de Tours, Paris, Promodis, 1988.
- *Le Livre au Moyen Age*, sous la direction de Jean Glénisson, Paris, Presses du CNRS, 1988.
- *La Réforme et le livre. L'Europe de l'imprimé(1517– 1570)*, sous la direction de Jean–François Gilmont, Paris, Éditions du Cerf, 1990.
- *Mise en page et mise en texte du livre manuscrit*, sous la direction d'Henri–Jean Martin et Jean Vezin, Paris, Promodis, 1990.
- *Dictionnaire encyclopédique du livre*, tome 1 (A–D), sous la direction de Pascal Fouché, Daniel Péchoin et Philippe Schuwer, Paris, Éditions du Cercle de la Librairie, 2002.
- Barbier, Frédéric, *Histoire du livre*, Paris, Armand Colin, 2000.
- Bechtel, Guy, *Gutenberg*, Paris, Fayard, 1992.
- Chartier, Roger, *Lectures et lecteurs dans la France de l'Ancien Régime*, Paris, Seuil, 1987; *Les Usages de l'imprimé*, Paris, Laffont, 1982.
- Febvre, Lucien et Martin, Henri–Jean, *L'Apparition du livre*, Paris, Albin Michel, 1958, rééd. 1971.
- Fontaine, Jean–Paul, *Le Livre des livres*, Paris, Hatier, 1994.
- Furet, François, *Livre et société dans la France du XVIIIe siècle*, 2 vol., Paris, Mouton, 1965–1970.
- Gilmont, Jean–François, *Le Livre, du manuscrit à l'ère électronique*, Liège, C.E.F.A.L., 2e éd., 1993.
- Labarre, Albert, *Histoire du livre*, Paris, PUF, 9e édition, 2001.
- Lowry, Martin, *Le Monde d'Alde Manuce. Imprimeurs hommes d'affaires, intellectuels dans la Venise de la Renaissance*, Paris, Promodis, 1989.
- Martin, Henri–Jean, *Histoire et pouvoirs de l'écrit*, Paris, Albin Michel, 1996; *Livre, pouvoir et société à Paris au XVIIe siècle (1598–1701)*, 2 vol., Genève, Paris, Droz, 1969; *La Naissance du livre moderne. Mise en page et mise en texte (XIVe– XVIIe siècle)*, Paris. Éditions du Cercle de la Librairie, 2000.
- Stiennen, Jacques, *Paléographie du Moyen Age*, Armand Colin, 1991.
- Toulet, Jean, *Introduction à l'histoire de la reliure française*, Paris, Bibliothèque nationale, 1973.

图片目录与出处

卷首

第 1 页 《圣奥古斯丁》，木板上绘画，佩德罗·贝鲁格特（Pedro Berruguete）创作。塞维利亚，圣托马斯教堂修道院。

第 2 页 《圣玛利亚·马德莱娜》，绘画，皮耶罗·迪·科西莫（Piero di Cosimo）创作。罗马，巴尔贝里尼宫。

第 3 页 在班贝格印刷的三十六行本《圣经》的一页，约 1458 年。

第 4 页 《伊拉斯谟像》，绘画，小霍尔拜因创作。巴黎，卢浮宫博物馆。

第 5 页 《无敌的弗朗切斯科·斯福尔扎公爵业绩故事》的一页，由安东尼奥·扎罗托（Antonio Zarotto）在米兰印刷。

第 6 页 一个老妇人的画像，也许是伦勃朗的母亲，在此以女先知安娜的形象出现，伦勃朗创作。阿姆斯特丹，国家博物馆。

第 7 页 《创世记》一页，第 22 章，载奥诺哈（Honorat）的《圣经中的形象》，在里昂印刷。

第 8 页 通常被认为是朱塞佩·巴雷蒂的画像，皮埃尔·苏贝利亚斯（Pierre Subleyras）创作。巴黎，卢浮宫博物馆。

第 9 页 《拉封丹寓言集》某版的一页，18 世纪。巴黎，国家印刷局图书馆。

扉页 《书的虚空画》，赫里茨·范·罗斯特莱登（Gerrits Van Roestraeten）创作。私人收藏。

第一章

章前页 彩色装饰字母，《凯尔特人书》手抄本的一页，8 世纪。都柏林，三一学院图书馆。

第 1 页 乌戈·德·比洛内，1352 年左右。意大利，特雷维索主教府。

第 2 页 《死者之书》片段，纸莎草纸，来自底比斯，公元前 1000 年左右。梵蒂冈，格里高利埃及（Gregoriano Egizio）博物馆。

第 3 页左 学生练习用的木板，罗马拜占庭时代的书写。巴黎，卢浮宫博物馆。

第 3 页右 年轻女子在读一卷书，庞培城一幅壁画的细部，公元 1 世纪。那不勒斯博物馆。

第 4 页 福音书作者圣马太，镶嵌画，5 世纪。拉文纳，圣维塔尔教堂。

第 5 页 福音书柜橱，镶嵌画细部。拉文纳，加拉·普拉西狄亚陵墓。

第 6 页 羊皮纸作坊，弗洛里亚诺创作的一幅细密画的局部，15 世纪。博洛尼亚大学图书馆。

第 7 页 拉邦·莫尔（Raban Maur）的细密画，选自《世界》，11 世纪手抄本。卡西诺山修道院档案室。

第 8—9 页 圣路加（全图和细部）和圣马太，拜占庭福音书，10 世纪末。雅典，国家图书馆。

第 10 页左 带有小装饰的铅质笔，14 到 15 世纪。维克多·盖伊（Victor Gay）收藏。巴黎，克吕尼博物馆。

第 10—11 页 11 世纪时的埃希特纳赫修道院，选自亨利三世福音书的细密画。不来梅州立图书馆。

第 11 页下 抄书人用的刀和尺，11 到 12 世纪。巴黎，法国国家图书馆。

第 12 页 恺撒的《高卢战记》。佛罗伦萨，里卡迪纳（Riccardiana）图书馆。

第 13 页 14 世纪时恩特林登（Unterlinden）修道院的多明我会的《升阶经》。科尔马图书馆。

第 14 页上 图尔奈圣马丁修道院的僧侣威廉，弗洛雷斯·贝尔纳迪（Flores Bernardi）的细密画，13 世纪。巴黎，马扎然图书馆。

第 14 页下 尼古拉·德·比亚尔（Nicolas de Biard）《讲道集》中一页的细部。巴黎，法国国家图书馆西方手稿部。

第 14—15 页 卡西奥多鲁斯的《神的体系与人类体系》手抄本的一页，诺南托拉（Nonantola）修道院提供，11 世纪。巴黎，马扎然图书馆。

第 16 页 但丁的肖像，卢卡·西尼奥雷利的壁画。奥尔维耶托。

第 17 页上　勃艮第公爵“好人菲利普”肖像，罗希尔·范德魏登（Rogier van der Weyden）做。巴黎，卢浮宫博物馆。

第 17 页下　尼古拉·奥雷姆向查理五世献书，亚里士多德《伦理学》中一幅细密画的细部。尚蒂伊，孔代博物馆。

第 18 页　15 世纪后半期一本《日课经》折叠前的书页。巴黎，法国国家图书馆西方手稿部。

第 19 页　伟大的圣格里高利的《对话篇》的章首图案，11 世纪手抄本。阿夫朗什市立图书馆。

第 20 页左　僧侣抄书人弗罗蒙的结语，11 世纪手抄本。阿夫朗什市立图书馆。

第 20 页中　哥特字体。巴黎，法国国家图书馆。

第 20—21 页跨页上　加洛林字体，9 世纪时的手抄本。巴黎，法国国家图书馆。

第 20—21 页跨页下　安色尔字体，一本福音书的细部，7 世纪。阿夫朗什市立图书馆。

第 22 页　巴士拉图书馆，阿拉伯手抄本。巴黎，法国国家图书馆东方手稿部。

第 23 页上　克里特的《哈伽达赫》的一页，1583 年。巴黎，法国国家图书馆东方手稿部。

第 23 页下　《大雄的诞生》，古印度手抄本的一页，15 世纪末。古吉拉特邦学校。巴黎，吉梅博物馆。

第 24 页左　贝里公爵的《小日课经》的彩色装饰页，约 1390 年。巴黎，法国国家图书馆。

第 24—25 页　利尔的尼古拉的《普世圣经评注》手抄本中未完成的彩色装饰画，圣瓦斯特修道院提供，14 世纪时的意大利语版本。阿拉斯市立图书馆。

第 26—27 页跨页　12 世纪的福音书，金银装订本。维也纳美术博物馆。

第 27 页　做成木铃状的朝圣者的书，13 世纪。巴黎，法国国家图书馆。

第二章

第 28 页　加斯帕里诺·巴尔齐扎《书信集》的一页，1470 年。巴黎，法国国家图书馆珍本库。

第 29 页　谷登堡像，副本，原作已遗失。美因茨，谷登堡博物馆。

第 30 页上　贝壳形的水印从 14 到 15 世纪的演变，载《中世纪的书》，1988 年。法国国家科学研究中心出版社。

第 30 页下　雕刻木版，约 1485 年在里昂由让·达莱斯印刷纸牌。里昂，印刷博物馆。

第 31 页　《千佛图》卷轴细部，中国，9 世纪。巴黎，法国国家图书馆东方手稿部。

第 32 页左　浇铸铅字用的工具。巴黎，国家印刷局。

第 32 页右上　18 世纪时朝鲜的木活字。里昂，印刷博物馆。

第 33 页　据 15 世纪时使用的手压印刷机复制的一个模型。里昂，印刷博物馆。

第 34 页左　谷登堡肖像，载安德烈·特韦《名人的真相与生活》，1584 年。美因茨，谷登堡博物馆。

第 34—35 页中跨页　鞋匠克劳斯·肖特在斯特拉斯堡对谷登堡的诉状，1437 年。斯特拉斯堡市立档案馆。

第 35 页上　15 世纪时的美因茨，木刻画，1497 年。奥格斯堡。

第 35 页下　圣西博，木板上绘画，细部，1487 年。纽伦堡，日耳曼民族博物馆。

第 36 页上　四十二行本《圣经》中的两页。美因茨，谷登堡博物馆。

第 36 页下　四十二行本《圣经》一页的细部，由谷登堡和彼得·舍费尔在 1456 年 8 月之前印刷。巴黎，马扎然图书馆。

第 37 页上　四十二行本《圣经》中的两页。美因茨，谷登堡博物馆。

第 37 页下　1455 年在美因茨印刷的《圣经》的结语，克雷默创作。巴黎，法国国家图书馆珍本库。

第 38—39 页 四十二行本《圣经》中全套的活字样本，据戈特弗里德·泽德勒(Gottfried Zedler)。

第 39 页上 《美因茨的圣诗》的一页，第二版，1459 年。美因茨，谷登堡博物馆。

第 39 页下 彼得·舍费尔的印刷商标。私人收藏。

第 40 页 约翰·曼特林的肖像，米歇尔·罗勒斯勒尔(Michel Rösler)的版画。私人收藏。

第 40—41 页 由马蒂厄·胡斯于 1499 年在里昂印刷的《骷髅舞》。巴黎，法国国家图书馆珍本库。

第 41 页上 在美因茨印刷的《多那书》的一页。巴黎，法国国家图书馆珍本库。

第 42 页 尼古拉·让松的印刷商标，1470 年。威尼斯，私人收藏。

第 43 页 普鲁塔克的《名人传》，由尼古拉·让松印刷，1478 年。巴黎，法国国家图书馆珍本库。

第 44 页上 《坎特伯雷故事集》，威廉·卡克斯顿最早的印刷作品之一。华盛顿，国会图书馆。

第 44 页左下 《威廉·卡克斯顿的作坊》，丹尼尔·麦克利斯(Daniel Maclise)画。赫特福德郡，内布沃思(Knebworth)宫。

第 44 页右下 威廉·卡克斯顿的印刷商标。私人收藏。

第 45 页 《人类获拯救的镜鉴》一页，由马蒂厄·胡斯在里昂印刷，1478 年。巴黎，法国国家图书馆珍本库。

第 46 页上 菲谢把自己的书献给贝萨里翁，《修辞学》卷首的细密画和装饰，1471 年印刷。威尼斯，马尔恰纳图书馆。

第 46 页下 菲谢留在索邦学院院长录事簿上的签字。

第 47 页上 巴黎印刷商吉奥·马尔尚 1483 年时的印刷商标。

第 47 页下 人称“德拉皮德”的让·海恩林留在索邦学院院长录事簿上的签字。

第 48 页 哈特曼·舍德尔《编年史书》的一页，1493 年。莫斯科，俄罗斯国家图书馆古书博物馆。

第 49 页上 《圣地朝拜》的一页。莫斯科，俄罗斯国家图书馆。

第 49 页下 同上。

第 50—51 页 同上。

第 51 页右 哈特曼·舍德尔《编年史书》一页的细部。莫斯科，俄罗斯国家图书馆古书博物馆。

第 52 页 《故事之海》中的一个花体字母，皮埃尔·勒鲁热于 1488 年印刷。多勒市立图书馆。

第 53 页上 让·弗雷隆(Jean Frêlon)在 1507 年印刷的某书中的一个旁注。兰斯市立图书馆。

第 53 页下 曼陀罗草，《草药》中的一页，由舍费尔 1485 年在美因茨印刷。美因茨，谷登堡博物馆。

第 54 页上 《人类获拯救的镜鉴》一页，由贝尔纳·里赫尔于 1476 年在巴塞尔印刷。科尔马市立图书馆。

第 54 页下 《法兰西编年史》，由安托万·维拉尔于 1493 年在巴黎印刷。巴黎，法国国家图书馆珍本库。

第 55 页 《法兰西编年史》手抄本一页。巴黎，法国国家图书馆西方手稿部。

第三章

第 56 页 忒奥克里托斯《田园诗》的一页，由丢勒于 1502 年到 1504 年间做花饰插图，插在阿尔多·马努佐出版的初版中，1496 年。伦敦伍德内(Woodner)收藏，寄存于华盛顿国家美术馆。

第 57 页 “可用来同时阅读好几本书的转轮”，载《各种人工机械装置》，阿戈斯蒂诺·拉梅利(Agostino Ramelli)，1588 年。私人收藏。

第 58 页左上 亚里士多德作品集某版本的装订，由阿尔多·马努佐在 1495 年出版。埃斯库里亚尔图书馆。

第 58 页右　纪尧姆·比代的《能人》的书名页（上），第 5 卷，1522 年，以及阿尔多·马努佐的印刷商标（下）。凡尔赛市立图书馆。

第 59 页　让·格罗利耶 1512 年参观阿尔多·马努佐在威尼斯的印刷所，弗朗索瓦·弗拉芒（François Flameng）绘，由纽约格罗利耶俱乐部 1890 年定购。

第 60 页　约翰·弗罗本肖像，小霍尔拜因绘。巴塞尔艺术博物馆。

第 61 页左下　约翰·弗罗本在巴塞尔的店招。巴塞尔艺术博物馆。

第 61 页左上　带有商标的罗贝尔·艾蒂安的《法语拉丁语词典》书名页，1546 年。巴黎。

第 61 页右上　西蒙·德·科利纳的印刷商标，1527 年。巴黎。

第 62 页　由路德出版的《约翰启示录》中的一页，卢卡斯·克拉纳赫的木刻插图，1534 年。

第 63 页上　《焚书》，哈特曼·舍德尔的《编年史书》的插图，沃尔格穆特（Wohlgemuth）和普莱登武尔夫（Pleydenwurff）的木刻作品，1493 年。巴黎，圣热讷维耶沃图书馆。

第 63 页下　由国王颁发的特许证书，1513 年。巴黎，法国国家图书馆西方手稿部。

第 64 页　1558 年在罗马出版的《禁书书目》中的一页。巴黎，法国国家图书馆珍本库。

第 65 页　《威尼斯绅士肖像》，焦尔焦内绘。塞缪尔·克雷斯收藏。华盛顿国家美术馆。

第 66 页上　法兰克福书市的图书目录，1575 年。巴黎，法国国家图书馆珍本库。

第 66 页下　印刷商和书商把书堆放在圆桶里，木刻，1543 年。伦敦，圣布赖德印书馆。

第 67 页　克里斯托夫·普朗坦肖像，鲁本斯画，1613—1616 年。安特卫普，普朗坦－莫尔杜斯博物馆。

第 68—69 页　普朗坦印刷的多语对照本《圣经》第 5 卷中的两页。安特卫普，普朗坦－莫尔杜斯博物馆。

第 69 页上　普朗坦于 1568 年到 1572 年在安特卫普印刷的多语对照本《圣经》第 1 卷卷首。兰斯市立图书馆。

第 70 页上　16 世纪时的印刷作坊，约斯特·安曼（Jost Amman）的版画。巴黎，法国国家图书馆版画部。

第 70 页下　学徒在工作中。同上。

第 70—71 页　16 世纪时托斯卡纳的一家印刷厂，壁画。佛罗伦萨，皮蒂宫。

第 72 页　一个图书匠的作坊，16 世纪的木刻。威尼斯，科雷尔（Correr）博物馆。

第 73 页上　雅克·巴桑庭《天文学讲话》的题献本，带有亨利二世和卡特琳娜·德·美第奇交织的姓名首写字母。巴黎，法国国家图书馆。

第 73 页下　罗贝尔·艾蒂安 1550 年印刷的《新约》的装订，亨利二世为枫丹白露图书馆定做的装订本。巴黎，法国国家图书馆。

第 74 页上　安托万·埃罗埃《完美的朋友》的书名页，艾蒂安·多雷 1542 年在里昂印刷。

第 74 页下　“阿提克字母想感受一种结构”，载若弗鲁瓦·托里的《野花：所谓罗马字母中的阿提克字母应有的真正比例中的艺术和科学》，1529 年。凡尔赛市立图书馆。

第 74—75 页　拉伯雷《巨人传》某一版本中的加拉蒙字体，艾蒂安·多雷 1542 年在里昂印刷。

第 75 页下　克洛德·加拉蒙版画肖像和签名，约 1582 年。

第 76 页上　让·卡尔卡（Jean Calcar）的木刻，载安德烈·韦塞尔的论文《人体结构》，让·奥普林（Jean Oporin）出版，1543 年。巴塞尔。

第 76 页下　复制的印刷机，专印小幅的铜版画，16 世纪。里昂，印刷博物馆。

第 77 页上　弗朗切斯科·科隆纳《波利菲洛的梦》的两页，阿尔多·马努佐印刷，1499 年。巴黎，法国国家图书馆珍本库。

第四章

第 78 页　莎士比亚作品集对开本第一版的书名页，版画肖像由马丁·德鲁肖特（Martin Droeshout）做，1623 年。牛津，博德利书店。

第 79 页　克洛德·梅朗根据普桑为贺拉斯作品集某一版而做的卷首页。巴黎，国家印刷局图书馆。

第 80 页左 《诗篇全书》，由斯蒂芬和马修·戴在马萨诸塞的坎布里奇印刷，1640 年。私人收藏。

第 81 页上　让－巴蒂斯特·科尔贝，托尔西的侯爵，拉吉利埃（Largillière）绘。凡尔赛城堡。

第 81 页下 《马扎然的葡萄酒奶油汤》，克洛德·莫洛（Claude Mollot）印刷，无日期。巴黎，法国国家图书馆。

第 82 页左 《阅读者》，特尔·博尔奇画，1670 年。艺术品公园城堡，什未林国立博物馆。

第 82—83 页　布莱塞布瓦为高乃依的《讽刺作品集》做的装订，1676 年，12 开。私人收藏。

第 83 页上 《埃尔泽菲丛书目录》，1634 年。巴黎，法国国家图书馆珍本库。

第 84 页　拉布吕耶尔的《对话集》，迪潘出版，奥斯蒙印刷，1699 年。原本和盗印本，私人收藏。

第 85 页　威廉·布劳的欧洲地图，1617 年，载 1662 年在阿姆斯特丹出版的《大地图册》。伦敦，皇家地理学会。

第 86 页 《阅读新闻报》，阿德里安·范·奥斯塔德（Adriaan Van Ostade，1610—1685）的画。巴黎，卢浮宫博物馆。

第 87 页左上　亚伯拉罕·费尔赫芬在比利时出版印刷的第一份弗拉芒语报纸的一页，1620 年。布鲁塞尔，比利时皇家图书馆。

第 87 页下　卖《新闻报》的报贩，《泰奥夫拉斯特·勒诺多的〈新闻报〉的极度繁荣》的细部，版画，1650 年前后。巴黎，装饰艺术图书馆。

第 88 页上　蓝皮书的封面，18 世纪。私人收藏。

第 88 页下 《报贩》，17 世纪的绘画。巴黎，大众艺术与传统博物馆。

第 89 页上 《论梦与夜间幻觉》，蓝皮书的一种，18 世纪。私人收藏。

第 89 页下 《君士坦丁堡的美女海伦》的书名页，同上。

第 90 页左　莎士比亚《无事生非》的书名页，1650 年。伦敦。

第 90—91 页 《死人的真正年历》，1695 年。罗马，国家大众艺术与传统博物馆。

第 91 页下 《大赦年 1653 年年历》，细部，1653 年。保罗·迪皮伊（Paul Dupuy）收藏。

第 92 页上　“国王罗马体”的字冲。巴黎，国家印刷局图书馆。

第 93 页上　亚伯拉罕·博斯的《论铜版雕刻法》插图，1645 年。凡尔赛市立图书馆。

第 93 页下　夏尔·佩罗《蓝胡子》原版中的一页。

第 94 页　由雅克·巴伊做的《国王壁毯上的箴言》，勒克莱尔制作铜版，对开本，1669 年。巴黎。

第 95 页左上　塞巴斯蒂安·瑟利的《建筑学的第一本书》，罗伯特·皮克（Robert Peake），1611 年。伦敦，私人收藏。

第 95 页右上　克里斯平·范·德·帕斯的《最优雅的女预言家的图像》，1601 年。科隆，私人收藏。

第 95 页下　马丁·奥皮茨的《德国诗歌》第一版书名页，1624 年。

第五章

第 96 页 《爱神的召见》卷首页，乔瓦尼·巴蒂斯塔·博多尼做。马尔迈松和普雷奥林城堡。

第 97 页 《自然史中的重要一支：贝类学》的一页，大布雷，1757 年。巴黎，自然博物馆中心图书馆。

第 98 页左　爱尔维修《论精神》的出版许可证，1758 年 3 月 27 日。凡尔赛。

第 98—99 页　斯特拉斯堡的阿芒·柯尼希书店，约 1762 年。斯特拉斯堡国家图书馆。

第 100 页　塞万提斯的《堂吉诃德》，法译本第一版书名页，1614 年。

第 101 页上　《拉彼鲁兹游记》插图，1797 年。巴黎，国家印刷局图书馆。

第 101 页下　不知名的动物，布丰伯爵《自然史》第一版插图。巴黎，自然博物馆中心图书馆。

第 102 页上　在若弗兰夫人家的沙龙中朗读悲剧《中国孤儿》，勒莫尼耶绘。马尔迈松和普雷奥林城堡。

第 102—103 页　狄德罗的《百科全书》的卷册。私人收藏。

第 103 页上　向《百科全书》的预订者建议的优惠条件。巴黎，法国国家图书馆珍本库。

第 104 页上　《卖书的人》，萨顿·尼科尔斯（Sutton Nicholls）的版画，1700 年。伦敦。

第 104 页下　《尊敬的兰德尔·巴勒斯和他的儿子埃利斯》，约翰·佐法尼（Johan Zoffany）绘。巴黎，卢浮宫博物馆。

第 104—105 页　由达尼埃尔·马罗（Daniel Marot）发明和雕刻的图书馆，约 1710 年。

第 106 页　《年轻的女读者》，弗拉戈纳尔绘。华盛顿，国家美术馆。

第 107 页上　《老鼠和大象》。《拉封丹寓言集》，德桑和萨扬，1755—1759 年，根据乌德里的画刻的版本，科尚修改。巴黎，法国国家图书馆珍本库。

第 107 页下　《兔子和乌龟》，同上。

第 108 页上　阿德米拉尔为阿尔比努斯的作品《论人体的动脉静脉系统》所做的彩色雕版，1736 年。巴黎，老医学院图书馆。

第 108 页下　《解剖学天使》，戈蒂埃·达戈蒂雕刻的《肌肉解剖彩色全谱》中的一块图版，1746 年。巴黎，老医学院图书馆。

第 109 页　《马赛克路面》，拉博德（Laborde）做，大迪多出版，巴黎，1802 年，第 XI 号版。塞维利亚考古博物馆。

第 110 页　带阿代拉伊德夫人纹章图案的封面装帧，《在罗马和巴黎行的圣周祭礼》，1757 年。巴黎。

第 111 页左上　带玛丽·莱什琴斯卡的纹章的马赛克式装帧。尚蒂伊，孔代博物馆。

第 111 页左下　鹦鹉啄着玛丽–约瑟芬·德·萨克斯的纹章的马赛克式装帧，约 1747 年。巴黎，法国国家图书馆。

第 111 页右上　带伊丽莎白夫人的纹章的褐色小牛皮封面装饰，《小普林尼书信集》，1773 年。巴黎，凡尔赛城堡。

第 112—113 页　约翰·巴斯克维尔的字体，1757 年，载约翰·刘易斯（John Lewis）《印刷解剖学》，1970 年。伦敦。

第 112 页左上　《乔万尼·巴蒂斯塔·博多尼的装帧花饰、字母字体、版画插图》，1771 年。同上。

第 112 页左下　《博多尼的印刷手册》中的大写字母。同上。

第 113 页下　迪多的字体，罗马体 36 号，载《国家印刷局的字体》，1900 年。

第 114 页　《法兰西信使》的书名页，1749 年 10 月，巴黎。

第 115 页　《共和八年宪法》（1799 年 12 月 13 日通过）的装订本。巴黎，国家档案馆。

第 116 页　《藏书架以及架上的乐谱和音乐论文》，克雷斯皮绘，1710 年前后。意大利，博洛涅市立音乐博物馆。

见证与文献

第 117 页　《一本书的剖析》，帕特里克·亚历山大。

第 118 页　抄书人在对照着两个手稿，14 世纪中期意大利的细密画。伦敦，不列颠印书馆。

第 120 页　赞美拉邦·莫尔的十字架。杜埃市立图书馆。

第 121 页 圣德尼的僧侣抄书人，《法兰西编年史》中的细密画。巴黎，法国国家图书馆西方手稿部。

第 122 页 谷登堡和他的合伙人富斯特，埃皮纳勒。作者收藏。

第 125 页 鹿特丹的伊拉斯谟，17 世纪的版画。

第 126 页上 伊拉斯谟作品版画书名页，约翰·弗罗本出版，巴塞尔。

第 126 页下 伊拉斯谟的《基督教君王的制度》的版画书名页，约翰·弗罗本出版。1518 年。巴塞尔。

第 128 页 《克里斯托夫·普朗坦》，17 世纪时的版画。

第 130 页 《法兰克福书市的书摊》，克里斯蒂安·格奥尔格·许茨（Christian Georg Schütz）绘，约 1775 年。法兰克福历史博物馆。

第 132 页 王室印书馆出版物的卷首插图，17 世纪法国学派的素描。巴黎，卢浮宫博物馆。

第 133 页 《拉封丹寓言集》书名页局部，1671 年。

第 134 页 让－雅克·卢梭《爱弥儿》的卷首插图，塞巴斯蒂安·勒克莱尔（Sébastien Leclerc）的版画，局部。

第 136 页 同上。

第 139 页 《路德焚烧教皇的诏书》，版画，1520 年。巴黎，法国国家图书馆。

第 140 页 《艾蒂安·多雷》，17 世纪时的版画。

第 142 页 阿方斯·罗德里格斯做的《基督教宗教修炼实践》，1679 年。作者藏书。

图片授权

（页码为原版书页码）

AKG Paris 2e plat 12, 28, 34, 47h, 74, 82b, 137g, 137d. Alain Le Toquin 56h, 109, 113b. Archives Gallimard Jeunesse 86h, 86-87, 87b, 88h, 99hg, 102, 105b, 126, 129, 136, 139, 143h, 144, 147, 148, 149. Archives municipales de Strasbourg, 46-47. Archivio Scala 13, 14, 17, 128. Artephot/Nimatallah 24. Artephot/Oronoz 112. Artephot/Percheron 20-21, 132. Artephot/Ph. A. Meyer 38. Artothek, Peissenberg 1, 47b, 72, 73bg. Bibliothèque Marciana, Venise 58h. Bibliothèque municipale de Avranches 31, 32g, 32-33. Bibliothèque municipale de Reims/photo Mathieu Prier 65h, 81h. Bibliothèque nationale de France, Paris 3, 5, 23b, 26b,30, 32d, 33h, 35h, 36g, 39, 40, 43, 49b, 52-53, 53h, 55, 57h, 66b, 67, 75b, 76, 78h, 82h, 85h, 85b, 89h, 95h, 115h, 119h, 119b, 123bg, 133. Bibliothèque nationale et universitaire, Strasbourg 110-111. Bodleian Library, Oxford 90. BPK Berlin 116-117. Bridgeman-Giraudon 118-119, 130. Dagli Orti 18-19, 70hg, 82-83, 84. Dr. Ludwig Reichter Verlag, Wiesbaden 22-23. Droits Réservés 42h, 50-51, 51b, 52, 54, 56bd, 58b, 59b, 69, 73hd, 92, 94-95, 96h, 97, 102-103, 106, 107hd, 107hg. Edimedia 6, 11. Collection particulière/photo Patrick Léger 100h, 101h, 101b. Explorer 59h, 73hg, 107b, 114-115. Explorer/P. Horvais 25, 64, 66h. Fotografica Foglia, Naples 15d. Giraudon 2, 110, 123h. Historischen Museum, Francfort 141. Imprimerie Nationale, Paris/photo Patrick Horvais 1e plat. Imprimerie Nationale, Paris/photo Patrick Léger 9, 44g, 91, 104h, 113h. J.-L Charmet 26-27, 48b, 75h, 93b, 99b, 120h, 120b. Jean Vigne 26g, 36-37, 70d, 86b, 105h. Knebworth House Collection 56bg. Lauros-Giraudon 29b, 92-93, 92bd, 103b, 127. Marco Ravenna, Bologna 16, 20. Musée de l'Imprimerie, Lyon 7, 42b, 44hd, 45, 88b. Musée Gutenberg, Mayence 41, 46g, 48h, 49h, 51h, 65b. Musée

Plantin-Moretus, Anvers 79h, 80-81. National Gallery, Washington 77. Réunion des Musées Nationaux 4, 8. 15g, 22, 29h, 35b, 98, 100-101, 108, 114h, 116b, 121h, 122, 123hd, 143b. Saint-Bride Printing Library, Londres 78g, 116h. Staatliches Museum Schwerin, Kunstsammlungen Schlösser und Gärten 94g. Sygma, Paris 60, 61h, 61b, 62-63, 63d. The Grolier Club of New York/photo Richard Goodbody 70-71. The Woodner Collections, Londres, dépôt de la National Gallery of Art, Washington/photo Royal Academy of Arts 68.

致谢

Bruno Blasselle et les éditions Gallimard remercient Pierre Gilles Bessot, Marie Thérèse Gousset, Mme Laurence Camous et le Service de reproduction de la Bibliothèque nationale de France, Mme Florence Callu, la Bibliothèque des Arts Graphiques, M. Jean Marc Dabadie et l'Imprimerie Nationale, M. Sprenger et le Musée Gutenberg à Mayence, le Musée de l'Imprimerie et de la Banque à Lyon, le Musée Plantin-Moretus à Anvers, la Bibliothèque des Arts Graphiques à Paris, ainsi que Patrick Alexandre.

原版出版信息

DÉCOUVERTES GALLIMARD

COLLECTION CONÇUE PAR Pierre Marchand.
DIRECTION Elisabeth de Farcy.
COORDINATION ÉDITORIALE Anne Lemaire.
GRAPHISME Alain Gouessant.
COORDINATION ICONOGRAPHIQUE Isabelle de Latour.
SUIVI DE PRODUCTION Fabienne Brifault.
SUIVI DE PARTENARIAT Madeleine Giai-Levra. RESPONSABLE COMMUNICATION ET PRESSE Valérie Tolstoï.
PRESSE David Ducreux et Alain Deroudilhe.

À PLEINES PAGES, HISTOIRE DU LIVRE, VOLUME I

ÉDITION Odile Zimmermann assistée d'Elisabeth Le Meur.
ICONOGRAPHIE Caterina d'Agostino.
MAQUETTE Vincent Lever et Dominique Guillaumin.
LECTURE-CORRECTION Catherine Lévine.
PHOTOGRAVURE Mirascan (Corpus), Arc-en-Ciel (Témoignages et Documents).

图书在版编目（CIP）数据

满满的书页 : 书的历史 / (法) 布鲁诺·布拉塞勒 (Bruno Blasselle) 著 ; 余中先译 . — 北京 : 北京出版社 , 2024.7

ISBN 978-7-200-16110-6

Ⅰ . ①满… Ⅱ . ①布… ②余… Ⅲ . ①图书史—世界—通俗读物 Ⅳ . ① G256.1-49

中国版本图书馆 CIP 数据核字 (2021) 第 009241 号

策 划 人：王忠波　向　雳　　责任编辑：白　云　王忠波
责任营销：猫　娘　　责任印制：燕雨萌
装帧设计：吉　辰

满满的书页
书的历史
MANMAN DE SHUYE
［法］布鲁诺·布拉塞勒　著　余中先　译

出　　版：北京出版集团
　　　　　北 京 出 版 社
地　　址：北京北三环中路 6 号　　邮编：100120
总 发 行：北京伦洋图书出版有限公司
印　　刷：北京华联印刷有限公司
经　　销：新华书店
开　　本：880 毫米 ×1230 毫米　1/32
印　　张：5.375
字　　数：146 千字
版　　次：2024 年 7 月第 1 版
印　　次：2024 年 7 月第 1 次印刷
书　　号：ISBN 978-7-200-16110-6
定　　价：68.00 元

如有印装质量问题，由本社负责调换
质量监督电话：010-58572393

著作权合同登记号：图字 01-2023-4212

Originally published in France as :

À pleines pages Histoire du livre : *Volume 1* by Bruno Blasselle

Current Chinese translation rights arranged through Divas International, Paris

巴黎迪法国际版权代理